世界人民大团结万

共和国万岁

庆祝新中国成立60周年
大型文献专题片

辉煌六十年

解说词

人民出版社

撰稿人员名单

总撰稿

黄中平

执行总撰稿

唐建军

撰　稿

唐洲雁　龙平平　李正华　孙大力

蔡书贵　宋维强　郭晓东　曹　普

出 版 说 明

　　为隆重庆祝新中国成立 60 周年，中央宣传部、中央文献研究室、中央党史研究室、国家发改委、国家广电总局、中央电视台联合摄制了九集大型文献专题片《辉煌六十年》，2009年 9 月 23 日至 27 日在中央电视台综合频道黄金时间进行了首轮播出，引起强烈反响，受到广泛好评。

　　该片充分反映了以毛泽东、邓小平、江泽民同志为核心的党的三代中央领导集体和以胡锦涛同志为总书记的党中央，团结带领全国各族人民进行革命、建设和改革的伟大历程、辉煌成就和宝贵经验，生动展示了历史和人民是怎样选择了马克思主义、选择了中国共产党、选择了社会主义道路，是一部高扬共产党好、社会主义好、改革开放好、伟大祖国好、各族人民好的时代主旋律的史诗巨作。

　　现将《辉煌六十年》解说词印制出版，供大家学习参考。

2009 年 9 月

目录

第一集　浴火重生　　　　　　　　　　　　1

第二集　奠基立业　　　　　　　　　　　25

第三集　艰辛探索　　　　　　　　　　　49

第四集　伟大转折　　　　　　　　　　　69

第五集　潮涌神州　　　　　　　　　　　93

第六集　破浪前行　　　　　　　　　　115

第七集　世纪扬帆　　　　　　　　　　139

第八集　科学发展　　　　　　　　　　163

第九集　走向复兴　　　　　　　　　　187

第一集

浴火重生

Yuhuo Chongsheng

北京天安门，在中国近现代史上有着特殊的地位，成为中华民族的一个象征。

1949 年 10 月 1 日下午 3 时整，中华人民共和国的开国大典在这里隆重举行。

在巍峨的天安门城楼上，毛泽东向全世界庄严宣告："中华人民共和国中央人民政府今天成立了。"

毛泽东亲手按动电钮，五星红旗在天安门前冉冉升起。54门礼炮齐鸣 28 响，国歌的旋律雄壮激昂，无数面彩旗迎风招展，30 万群众欢声雷动，天安门广场成了一片沸腾的海洋。

接着是盛大的阅兵式和群众游行。接受检阅的中国人民解放军 12 个方队威武雄壮，一队队由工农各界参与的游行群众精神抖擞。毛泽东等领导人频频挥手致意，"中华人民共和国万岁"的口号声响彻云霄。

天翻地覆慨而慷。此时此刻，举国上下共同怀着中国新生的喜悦心情，无不欢欣鼓舞而又百感交集。新中国成立，标志着中国人民从此站立起来了，中国历史由此开辟了一个新纪元。全国各族人民对新中国的未来充满希望，纵情歌唱伟大祖国从今走向繁荣富强。

中华民族具有五千多年的悠久历史，中国是世界上少有的历史文化从未间断的文明古国。在漫长的历史长河中，勤劳、勇敢的中国人民创造了灿烂的中华文明，特别是造纸术、印刷术、火药、指南针四大发明，对人类社会发展作出了不可磨灭的巨大贡献。

但是，当历史的脚步进入 18 世纪，西方资本主义已经产生和发展，而中国仍处于封建社会的晚期。随着西方殖民主义势力对外扩张，古老的中国遇到了空前严重的挑战，面临着极其深刻的生存危机。

三千年未遇之大变局即将到来，也由此拉开了实现中华民族伟大复兴历史的大幕。

19 世纪中叶，英国已经基本上完成工业革命，成为世界资本主义最强大的国家，竭力扩张世界市场、掠夺殖民地。

英国为了获取暴利，改变对华贸易长期的入超状态，这个号称"日不落"的殖民大帝国居然在对华贸易中使用了一种特殊商品：鸦片，以此从中国掠走了3亿至4亿银元。

英国的鸦片走私不仅造成了中国的白银大量外流和财政危机，加重了劳动人民的负担，而且直接毒害了中国人的身体和精神。马克思曾经愤怒地谴责"非法的鸦片贸易年年靠摧残人命和败坏道德来填满英国国库"。

1839年6月3日，林则徐在广东虎门销毁收缴的鸦片。禁烟措施完全是维护国家利益和民族尊严的正义行为。但是，英国政府却借口中国禁烟损害其外贸收入，发动了侵华战争。

1840年6月，英国侵华舰队入侵中国，封锁了珠江海口和广东海面，并继续北上。此后两年中，清政府屡战屡败，最终被迫议和。

在这场从海上而来的鸦片战争中，清政府败下阵来。以割让香港岛、赔款2100万银元等为主要内容的《南京条约》，记录了中华民族在西方殖民者的枪炮逼迫下所遭受的屈辱。

鸦片战争不仅打开中国的门户，一些领土被割让出去，而且西方殖民主义者还在中国内部强占租界。鸦片战争成为中国近代史的起点，中国历史的发展自此发生了重大转折，开始沦为半殖民地半封建社会。

当得知英军已经撤出长江，道光皇帝的第一个反应就是下令沿海各省撤军。在鸦片战争中，禁烟抗英有功的大臣林则徐、邓廷桢等人被革职查办，甚至发配充军；主张对敌妥协的琦善等人反而受到重用。

1841 年 8 月的一天，遣戍新疆伊犁途中的林则徐在镇江与老朋友魏源会面，被称为"中国近代睁眼看世界第一人"的林则徐将自己搜集编成的《四洲志》等外国资料交给魏源，希望他能编撰成书，唤醒国人了解世界。

1843 年 1 月，我国第一部系统介绍世界的著作《海国图志》完成了。在该书中，魏源提出了"师夷长技以制夷"的思想，主张学习外国先进的军事和科学技术，以期富国强兵，抵御外国侵略，开创了中国近代向西方学习的新风。

然而，第一代探索者的声音是如此的微弱，1840 年的炮声无法惊醒天朝迷梦。

随着西方殖民主义者入侵中国及其与中国封建势力相勾结给中华民族带来苦难的加深，中国人民不断兴起反抗的浪潮。

据记载，1842 年到 1850 年，全国各地的农民起义达到百次以上。1851 年，反抗清政府统治和西方列强入侵的太平天国起义爆发。这场农民起义不仅颁布《天朝田亩制度》，确立了平均分配土地的方案，极大动摇了清王朝的根基，而且提出了中国近代史上第一个较为系统的发展资本主义的方案《资政新篇》。然而，这场历时 14 年的农民起义却被中外反动势力残酷地镇压了。

疯狂的殖民主义扩张没有给清王朝喘息的机会。第一次鸦片战争结束 14 年后，危机再次从海上来，英法联军发动了侵略中国的第二次鸦片战争。

1860 年 10 月 18 日，侵入北京的英法联军，抢劫并焚毁了清朝皇帝的离宫圆明园。法国作家雨果记录了这一暴行，"在世界的某个角落，有一个世界奇迹。这个奇迹叫圆明园……有一天，两个强盗闯进了圆明园。一个强盗洗劫，另一个强盗放火"；"在历史面前，这两个强盗分别叫做法兰西和英格兰"。

强盗们燃起的大火在中国人的记忆中烙下了深深的伤痕，也焚毁了中国士大夫心头虚幻的"上国尊严"。

19 世纪 60—90 年代，为了挽救清政府的统治危机，封建统治阶级中的部分成员如曾国藩、李鸿章等，主张学习西方的武器装备和科学技术，通过兴办洋务来改变中国落后面貌。

中国近代第一次由清政府主导的自救开始了。在洋务运动中，以军事工业为主的近代企业出现了，新式海陆军开始筹建，新式学堂得以创办，留学生陆续外派，大清朝出现了一些新的气象。

1894 年，中日甲午战争爆发。号称亚洲第一的北洋水师未能御敌于海上，这支在洋务运动中装备起来的舰队最终全军覆没，中国陆军更是一败再败。

残酷的现实证明：洋务运动无法实现自强的目的，不能指明中国的出路，那么，究竟什么才是救亡图存的良方呢？

甲午战争一年后，曾留学英国的严复，在《救亡决论》中指出："如今中国不变法则必亡"。

一批具有近代意识的知识分子，开始挑起对社会进行启蒙的重任，提出改良社会的主张。

1895年4月，康有为和梁启超联合千余名在京应试的举人，共同发起"公车上书"，试图用变法维新来挽救清政府的危亡。

康有为认为：在所有的政体之中只有君主立宪才是"治国之大经"，专制政体不能生存于当今世界。这一主张得到了光绪皇帝的支持。1898年6月11日，光绪皇帝颁布"明定国是"诏书，戊戌变法就此开始。

但是，仅仅103天后，维新派的改革就被迫终结。

1898年9月21日，清王朝以慈禧为首的守旧势力发动政变，下令搜捕维新人士。康有为、梁启超被迫逃亡国外。同年9月28日，刽子手挥刀砍下了谭嗣同、刘光第、林旭、杨锐、杨深秀、康广仁六位爱国者的头颅。历史又一次见证了旧制度的腐朽，也说明依靠自上而下的改良，不能解决中国面临的根本问题。

面对深重的民族危机，1899年至1900年，中国大地上又爆发了一场规模浩大的反帝爱国运动——义和团运动。

义和团运动的迅猛发展使帝国主义列强异常惊恐。1900年5月28日，奥、英、法、德、意、日、俄、美八国正式决定，联合调兵入京镇压义和团，随即发动了罪恶的侵华战争。

八国联军司令、德国元帅瓦德西在给德国皇帝的奏议中写道："关于近年以来时常讨论瓜分中国一事……现在，实为一个千载难逢之实行瓜分的时机。"

在20世纪的第一年，八国联军侵入北京城。各国军队在北京城内划区驻扎，要求所驻区域的所有中国人家必须悬挂占领国国旗。一时间，中国的首都插着的是八个国家的旗帜，整个中国简直都被撕裂了！

1901年9月7日，清政府与11国签订《辛丑条约》，赔款4亿5000万两白银，相当于当年清政府财政收入的5倍，并规定列强可以在北京使馆区和北京周围12处重要位置驻军。

从1840年鸦片战争至此，清政府的战争赔款总数高达7亿2450万两白银，帝国主义列强强迫中国政府签订的各种不平等条约、条款等，总数达几百个之多。清王朝已经完全沦为一个对内阻碍经济社会发展、对外不能捍卫国家主权的腐朽没落的政府。

【李文海　中国史学会原会长】

签订《辛丑条约》之后，中国的半殖民地半封建社会的秩序就正式地形成了，当时清政府也被看做是洋人的朝廷，所以当时的民族危机十分严重，社会矛盾十分尖锐。在这种情况下，在中国社会就流传着一个非常响亮的口号，就是要革命。

20 世纪初中国的第一次革命，是由孙中山先生领导的辛亥革命。

1905 年 8 月 20 日，孙中山和黄兴、宋教仁等人在日本东京成立中国同盟会，把推翻清朝、创立民国列为誓词的重要内容之一。这是近代中国第一个领导资产阶级革命的全国性政党。

孙中山喊出振兴中华这个时代的最强音，并将同盟会的纲领概括为民族主义、民权主义、民生主义。以孙中山为代表的革命派在中国掀起了一场资产阶级革命运动，这标志着中国开始了比较完全意义上的资产阶级民主革命。

在孙中山的带领下，革命党人怀着"拼将十万头颅血，须把乾坤力挽回"的决心，进行了多次武装起义。

位于广州市先烈路的一座墓园，安眠着 72 位年轻的革命党人。

1911 年 4 月 27 日，黄兴率领 120 余人在广州起义，在牺牲的革命党人中，有很多是留学归来的爱国青年。

广州起义半年后，1911 年 10 月 10 日，武昌起义爆发。不到三天，武汉三镇光复。不到一个月，全国就有 13 个省宣布起义，脱离清政府统治。

1912 年 1 月 1 日，中华民国宣告成立。孙中山在南京宣誓就任中华民国临时大总统。2 月 12 日，清帝颁布了退位诏书。延续了两千多年的封建帝制在中国宣告结束。

辛亥革命建立了中国历史上第一个资产阶级共和政府，是中国人民为救亡图存、振兴中华而奋起革命的一个里程碑。从此，"敢有帝制自为者，天下共击之"的民主主义观念深入人心，为中国的进步打开了闸门。以孙中山为代表的中国民主革命的先驱者，在中国近代历史上留下了光辉的一页！

然而，辛亥革命却是一场不彻底的革命。它只是赶跑了一个皇帝，中国仍旧在帝国主义和封建主义的压迫之下，反帝反封建的革命任务并没有完成。

以孙中山为临时大总统的中华民国临时政府只存在三个多月，袁世凯很快就窃夺了辛亥革命的果实，1912 年 3 月他当上临时大总统。中华民国看似有国会，有众多政党。但实际上，政权都操纵在袁世凯和北洋军阀手中。

1913 年 3 月，国民党领袖宋教仁在上海遭暗杀，许多人所期待的议会民主制度成了泡影。

1915 年 5 月，为了让日本支持复辟帝制，袁世凯基本接受了日本提出的严重损害中国主权的"二十一条"。时人感叹道：无量头颅无量血，可怜购得假共和。

1916 年，袁世凯终于随着 83 天皇帝梦的破灭而败亡，但北洋政府却连形式上的统一都维持不了。在帝国主义列强的操纵下，中国陷入了军阀混战的深渊，污泥浊水仍旧充斥社会的每一个角落。

实践表明，资产阶级共和国的方案在中国是行不通的。中国究竟走什么路的问题，再一次摆在先进中国人的面前。

1917 年俄国爆发十月革命，世界上第一个社会主义国家诞生了。这是一个具有划时代意义的世界性事件。

十月革命的胜利，使陷于彷徨和苦闷之中的中国人看到了民族解放的新希望。中国的先进分子在反复比较中，坚定地选择了马克思主义，把自己的目光从资产阶级民主主义转向社会主义。

1918 年，李大钊在《布尔什维主义的胜利》一文中指出："十月革命是 20 世纪世界革命的先声"。第二年，他在《新青年》上发表了《我的马克思主义观》，第一次全面系统地介绍了马克思主义。

各地的马克思主义小组纷纷成立，新的革命思想在中国传播。

90年前，爆发了以一批先进青年知识分子为先锋、广大人民群众共同参与的为挽救民族危亡而奋起抗争的五四运动。

1919年5月4日，北京3000多名爱国学生举行了一场声势浩大的游行。游行的起因是正在召开的巴黎和会。第一次世界大战结束后，巴黎和会决定由日本继承德国在中国山东的权益，对于中国要求取消日本强加给中国的"二十一条"的合理要求则置之不理。

继5月4日的北京学生游行之后，全国各城市青年学生都起来支持。并且从6月5日起，工人罢工、商人罢市，各界民众都行动起来，会聚成自1840年以来涉及范围最广、参加人数最多的一次伟大爱国革命运动。

这个运动是在新的历史条件下发生的，揭开了中国人民彻底反帝反封建的崭新篇章，标志着中国新民主主义革命的伟大开端，是中国近代史上的一个划时代的事件，是中华民族伟大复兴的历史新起点。

五四运动也是一场伟大的思想解放运动和新文化运动，使马克思主义在中国迅速传播，进一步推动了马克思主义与工人运动的结合。这为中国共产党的成立提供了思想上和干部上的准备，并使社会主义思想成为五四运动后新文化运动的主流，先进中国人开始在马克思主义旗帜下集合起来。

1920 年 2 月 9 日，从北京通州到天津的路上，因传播革命主张而被北洋军阀通缉的陈独秀和护送他离开的李大钊，正在筹划组建中国共产党。这段惊险的历程，为历史留下了"南陈北李，相约建党"的故事。

1921 年 7 月 23 日，13 位来自各地的党组织代表会聚在一起，在上海秘密召开了中国共产党第一次全国代表大会。其间由于会场受到暗探注意和法租界巡捕房搜查，最后一天的会议改在嘉兴南湖的游船上举行。毛泽东作为湖南代表参加了会议。

中国共产党的成立，是一个"开天辟地的大事变"。它使中国人民从此有了坚强的领导核心，预示着中国反帝反封建斗争会走出一条正确的道路，必将达到胜利的目标。

随后，在党的第二次全国代表大会上，打倒帝国主义和封建军阀的革命纲领就被旗帜鲜明地提了出来。

从 1922 年 1 月开始，在中国共产党的领导下，中国掀起了第一次工人运动的高潮。13 个月中有 30 多万人参加了 100 余次罢工，这些斗争显示了工人阶级的力量，扩大了中国共产党在全国的政治影响，也促使中国国民党领袖孙中山决心与共产党合作。

1924 年 1 月，在共产国际和中国共产党的帮助下，孙中山主持召开了中国国民党第一次全国代表大会。会议重新阐释了三民主义，确立了联俄、联共、扶助农工的三大政策。大会通过决议，同意中国共产党员和共青团员以个人身份加入国民党，第一次国共合作就此开始。

由国共两党合作下的国民革命军从广州出发，开始了"打倒列强，除军阀"的北伐战争。农民、工人被组织和动员起来，形成了历史上空前广泛而深刻的群众运动，史称大革命。

1927 年 3 月，国民革命军攻占上海和南京，完全控制了长江中下游以南各省，北伐形势大好。但是，蒋介石勾结中外反动势力，积极策划反革命政变。同年 4 月 12 日，蒋介石在上海发动反革命政变，以"清党"为名，在东南各省大规模捕杀共产党员和革命群众。同年 7 月 15 日，汪精卫在武汉召开"分共"会议，并在其辖区内对共产党员和革命群众实行搜捕和屠杀。国共合作全面破裂，工农运动被镇压了下去。

残酷的现实给年轻的中国共产党上了严峻的一课。毛泽东意味深长地指出："枪杆子里面出政权。"

1927 年 8 月 1 日，南昌起义爆发。从此，中国共产党开始独立领导武装斗争。

1927 年 8 月 7 日，中共中央举行紧急会议，提出土地革命和武装反抗国民党反动派屠杀政策的总方针。

1927 年 9 月，湘赣边界举行秋收起义。同年 10 月，开始开辟井冈山农村革命根据地。其后逐步开辟赣南、闽西和闽浙赣、鄂豫皖、湘鄂西、左右江等根据地。经过艰苦探索，中国共产党逐步走出一条农村包围城市、武装夺取政权的革命新道路。

1931 年 11 月，中华苏维埃共和国临时中央政府成立。

1930 年 6 月至 1934 年，国民党对中央革命根据地发动军事"围剿"。由于王明等人的"左"倾教条主义错误，红军在第五次反"围剿"作战中遭到失败。1934 年 10 月，中共中央机关和中央红军开始退出中央革命根据地，实行战略转移——长征。

1935 年 1 月，中共中央政治局在遵义召开会议，确立了毛泽东在中国共产党和红军中的实际领导地位，实现了中国共产党历史上的一次生死攸关的转折。

1935 年 10 月，中央红军到达陕北，中国革命的新局面由此开始。次年 10 月，以红军一、二、四方面军在甘肃会宁和将台堡地区会师为标志，中国工农红军长征胜利结束。

1931 年发生九·一八事变，日军入侵中国东北，国民党政府却仍将兵力用于"围剿"工农红军，对日本则实行不抵抗主义和妥协退让的政策，致使 110 万平方公里的中国领土沦陷。

日本占领中国东北以后，随即开始入侵中国华北地区。1935 年，日本在华北制造一系列事端，实行"华北特殊化"，加紧实施其既定的侵华政策。

在中华民族处于生死存亡的危机关头，中国共产党率先举起抗日的旗帜。在中国共产党关于救亡图存、全民抗战的号召和中共地下党组织的领导下，1935 年 12 月 9 日，北平学生举行声势浩大的抗日示威游行。

一二·九运动促进了中华民族的觉醒，标志着中国人民抗日救亡运动新高潮的到来。

在全国抗日救亡运动高涨之际，1935 年 12 月，中共中央在陕北瓦窑堡召开政治局扩大会议，及时提出了在抗日条件下与民族资产阶级重建统一战线的新政策，呼吁全国同胞集中一切国力，为抗日救国的神圣事业而奋斗。

1936 年 12 月 12 日，爱国将领张学良、杨虎城为了停止内战，共同抗日，在"哭谏"无效之后，毅然实行"兵谏"，扣留前来西安逼迫他们攻打陕甘红军的蒋介石。

中国共产党从民族大义出发，为了团结国民党共同抗日，为西安事变的和平解决尽了最大的努力，最后促成了西安事变的和平解决，十年内战的局面由此结束，开始实现第二次国共合作，抗日民族统一战线初步形成。

1937 年 7 月 7 日，卢沟桥事变爆发，日本发动全面侵华战争。

中华民族到了最危险的时刻，全国性抗战开始。中国国民党和中国共产党领导的抗日军队，分别担负正面战场和敌后战场的作战任务，形成了共同抗击日本侵略者的战略态势。中国共产党实行人民战争路线，始终站在抗日斗争的最前线，以自己的坚定意志和模范行动，在全民族抗战中发挥了中流砥柱的作用。

1945 年 8 月 15 日，日本宣布投降。抗日战争的胜利，是自 1840 年以来中国反抗外敌入侵的第一次完全胜利，成为中华民族走向复兴的历史转折点。

在 1945 年 4 月召开的中国共产党第七次全国代表大会上，以毛泽东为主要代表的中国共产党人把马克思主义基本原理同中国具体实际相结合所创造的理论成果，被正式命名为毛泽东思想，并将毛泽东思想规定为党的一切工作的指针。

毛泽东思想是马克思主义中国化的第一个重大理论成果。中国共产党在毛泽东思想的基础上达到空前的团结和统一，找到了推翻"三座大山"、实现人民当家做主的正确道路。

丰子恺先生作于 1945 年的漫画《炮弹变花瓶》，表达了全国人民在抗日战争胜利后期盼"铸剑为犁，重建家园"的美好愿望。

1945 年 8 月，中国共产党充分考虑人民群众的强烈要求，明确提出和平、民主、团结、统一的方针。为了争取和平民主，毛泽东不顾个人安危，飞赴重庆与国民党当局进行谈判。同年 10 月 10 日，双方签署《政府与中共代表会谈纪要》即"双十协定"，确认和平建国的基本方针，同意"长期合作，坚决避免内战"。

1946 年 1 月，政治协商会议召开。以周恩来为首的中共代表团与中国民主同盟等民主党派和无党派民主人士的代表密切合作，同国民党当局认真协商，推动政协会议达成和平建国的五项协议。

但是，中国人民期盼已久的和平建国并没有到来。政治协商会议结束仅仅五个月后，1946 年 6 月底，国民党军以进攻中原解放区为起点，挑起了全国性的内战。

全面内战爆发时，中国共产党面临的形势是极为严峻的。当时，国民党军的总兵力为 430 万人，不仅接收了 100 余万日军和数十万伪军的装备，而且美国还为它训练和装备了 50 万军队，而人民解放军的总兵力为 127 万人，装备基本上是缴自日军的步兵武器。国民党的兵力还控制着全国几乎所有的大城市和主要交通干线，以及全国 76% 的土地和 71% 的人口。正是凭着军力和经济力的优势，蒋介石声称，这场战争"一定能速战速决"。国民党军参谋总长陈诚扬言，"也许三个月，至多五个月，便能整个解决"中共领导的军队。

但是，事与愿违，最终的胜利属于赢得民心的中国共产党。

抗战胜利后，一些民主党派成员也曾经试图在国共对立的纲领之外寻找第三条道路，提出建立资产阶级共和国的政治主张。但国民党的独裁统治使走资产阶级改良道路的幻想最终破灭。

国民党违背全国人民迫切要求休养生息、和平建国的意愿，执行反人民的内战政策，同时，官员们极其腐败。国民党政府派出的官员到原沦陷区接收时，把接收变成"劫收"，谁有金条，谁就有理，百姓称其为"有条有理"。上海《大公报》的社评中写道：国民党政府的做法"几乎把京沪一带的人心丢光了"。这就注定了蒋介石和国民党的必然失败。

国统区反内战、反饥饿、反独裁的运动，与战场上国民党军的溃败，共同奏响着蒋介石政权最后的挽歌。

1948年9月至1949年1月，人民解放军与国民党军进行战略决战，先后发动了辽沈、淮海、平津三大战役。这三大战役前后历时4个月零19天，共歼灭国民党军队有生力量154万余人，其主要军事力量基本被摧毁。

1949年4月21日，国民党当局拒绝接受《国内和平协定

(最后修正案)》，人民解放军发起渡江战役。4 月 23 日，人民
解放军占领南京，宣告国民党反动统治的覆灭。

1949 年 1 月 31 日，人民解放军进驻北平。废墟中的天安
门广场被打扫一新，目睹了无数兴衰荣辱的天安门城楼挂上了
人民领袖毛泽东的画像。

随着解放战争的胜利发展，建立新中国的任务被提上了历
史日程。

1949 年 3 月在西柏坡召开的中共七届二中全会，规定了
党在全国胜利后在政治、经济、外交等方面应当采取的基本政
策，指出了中国由新民主主义社会转变为社会主义社会的发展
方向。

毛泽东在会上提出了今后工作重心由乡村转移到城市的战
略任务，要求全党同志必须以极大的努力去学会管理和建设城
市。他告诫全党："夺取全国胜利，这只是万里长征走完了第
一步。"革命以后的路程更长，工作更伟大、更艰苦，"务必使
同志们继续地保持谦虚、谨慎、不骄、不躁的作风，务必使同
志们继续地保持艰苦奋斗的作风"。

1948 年 4 月 30 日，中共中央在纪念五一国际劳动节的口
号中提出："各民主党派、各人民团体、各社会贤达迅速召开
政治协商会议，讨论并实现召集人民代表大会，成立民主联合

政府。"这个号召得到各民主党派和社会各界的热烈响应。

1949 年 1 月 22 日，李济深、沈钧儒等民主党派的领导人和著名的无党派民主人士 55 人联合发表《对时局的意见》，一致认定中共提出的关于召开政治协商会议、成立联合政府的主张"符合于全国人民大众的要求"。这个政治声明表明，中国各民主党派和无党派民主人士自愿地接受了中国共产党的领导，决心走人民革命的道路，拥护建立人民民主的新中国。

1949 年 3 月 23 日，毛泽东、朱德、刘少奇、周恩来、任弼时率领中共中央机关离开西柏坡，前往北平。毛泽东把此行比做进京赶考，希望能够考试合格。他与周恩来相约："我们决不当李自成，我们都希望考个好成绩。"

1949 年 6 月 15 日，新政治协商会议筹备会在北平开幕，建立新中国的筹备工作正式全面展开。

身穿崭新的咔叽布中山装的毛泽东，显得分外精神。他在开幕式上指出："这个筹备会的任务，就是完成各项必要的准备工作，迅速召开新的政治协商会议，成立民主联合政府。"他豪迈地宣布：中国人民将会看见，中国的命运一经操在人民自己的手里，中国就将如太阳升起在东方那样，以自己的辉煌的光焰普照大地，迅速荡涤反动政府留下来的污泥浊水，治好战争的创伤，建设起一个崭新的强盛的名副其实的人民共和国。

1949 年 9 月 21 日，中国人民政治协商会议第一届全体会议在中南海怀仁堂隆重开幕。掌声，持续了整整五分钟。

毛泽东在开幕词中宣告："我们的工作将写在人类的历史上，它将表明：占人类总数四分之一的中国人从此站立起来了。"

会议通过了《中国人民政治协商会议共同纲领》。在当时，这是全国人民的大宪章，起着临时宪法的作用。它明确规定：新中国的国体是"实行工人阶级领导的、以工农联盟为基础的、团结各民主阶级和国内各民族的人民民主专政"；新中国的政体是"人民行使国家政权的机关为各级人民代表大会和各级人民政府"。

会议决定定都北平，将北平改名为北京；确定五星红旗为国旗，在国歌没有正式制定前以《义勇军进行曲》为国歌。

大会选举毛泽东为中央人民政府主席，朱德、刘少奇、宋庆龄、李济深、张澜、高岗为副主席，陈毅等 56 人为中央人民政府委员。随后，中央人民政府委员会任命周恩来为政务院总理兼外交部长。

宋庆龄在会上发言中说："这是一个历史的跃进，一个建设的巨力，一个新中国的诞生！我们达到今天的历史地位，是由于中国共产党的领导。""孙中山先生的民族、民权、民生三大主义的胜利实现，因此得到了最可靠的保证。""让我们现在就着手工作，建立一个独立、民主、和平与富强的新中国。"

民盟中央主席张澜在发言中说：从今天起，中国人民真正做了自己的主人。

1949年9月30日，毛泽东率领全体政协代表一起来到天安门广场，为人民英雄纪念碑举行隆重的奠基仪式。毛泽东亲自撰写了碑文：

【毛泽东同期声】

三年以来，在人民解放战争和人民革命中牺牲的人民英雄们永垂不朽！

三十年以来，在人民解放战争和人民革命中牺牲的人民英雄们永垂不朽！

由此上溯到一千八百四十年，从那时起，为了反对内外敌人，争取民族独立和人民自由幸福，在历次斗争中牺牲的人民英雄们永垂不朽！

这是为了纪念那些为中国新生而付出宝贵生命的人民英雄举行的典礼，他们的业绩将永远载入中华民族伟大复兴的史册。

这也是为即将宣告诞生的新中国奠基，一个人民当家做主的历史新时代来临了！

第二集

奠基立业

Dianji Liye

中华人民共和国的成立，标志着我国半殖民地半封建社会的结束、新民主主义革命取得了基本胜利。但是，面对旧政权留下的满目疮痍，冷战格局下诞生的新中国，面临着许多严重的困难和挑战。能不能巩固新生的人民政权？能不能战胜严重的经济困难？能不能维护国家主权和安全？能不能为人民执好政？这一切，对于刚刚执掌全国政权的中国共产党来说，是新的严峻的考验。

在新中国成立后的短短几年间，以毛泽东同志为核心的党的第一代中央领导集体团结带领全国人民，经受住了严峻的考验，集中力量完成了民主革命的遗留任务，迅速巩固了新生人民政权，并确立了社会主义基本制度，为中国的发展和进步奠定了根本政治前提和制度基础，开始了在社会主义道路上实现中华民族伟大复兴的历史征程。

开国大典胜利结束，而新中国的远大未来才刚刚开始。

新中国成立时，解放战争还没有完全结束。就在开国大典隆重举行的同时，中国人民解放军正兵分两路，以雷霆万钧之势，打击盘踞在中南、西南的国民党残余势力。到年底，迅速解放了其中的大部分地区。

1950 年 5 月，海南岛解放。

1951 年，西藏和平解放。

至此，除台湾和一些沿海岛屿及香港、澳门外，新中国实现了空前的统一。

为了巩固新生的人民政权，新解放区开展了大规模的剿匪作战和镇压反革命运动。短短两年时间，国民党遗留在大陆的反动势力和 200 多万土匪被基本肃清。中国出现了前所未有的安定局面。

新中国成立以后，没收官僚资本归人民的国家所有，社会主义性质的国营经济确立了自己在国民经济中的领导地位，为推进经济建设、实现国家工业化奠定了重要的物质基础。

然而，新生的人民政权正面临着财政经济极为困难的严峻形势。国民党政府溃逃后留下的是一个千疮百孔的烂摊子，生产萎缩，物价飞涨，失业严重，民生困苦。

有些人对共产党管理经济的能力表示怀疑，说："共产党在军事上得了满分，在政治上是 80 分，在经济上恐怕要得零分。"

对于这种情况，毛泽东用了三句话来概括："有困难，有办法，有希望。"他说，我们有办法克服困难，我们的事业是有希望的，我们的前途是光明的。

中共中央把平抑物价作为稳定经济、稳定社会、稳定人心的中心环节，大刀阔斧地加以解决。

早在 1949 年 7 月，就成立了陈云为主任的中央财政经济委员会，负责领导平抑物价和统一财经工作。

新中国成立前后，上海是物价飞涨的重灾区。1949 年 6 月 10 日，上海市军管会采取断然措施，沉重打击了破坏金融的银元投机活动，取得了"银元之战"的胜利。

9 月，上海投机商又转而囤积粮食、棉纱和煤炭，哄抬价格，扰乱市场。

中央人民政府在全国范围内组织了粮食、棉纱和煤炭的调动和集中。当 11 月 25 日物价上涨最猛的时候，全国各大城市按照中央的统一部署，一致行动，敞开抛售，使物价迅速下跌。同时又收紧银根，使投机商资金周转失灵，纷纷破产。到 12 月 10 日，"米棉之战"取得决定性胜利。

随后，中共中央采取统一全国财经工作的重大措施，有效地控制住了通货膨胀的势头。到 1950 年春，全国财政收支接近平衡，物价日趋稳定，国民党时期愈演愈烈的通货膨胀终于消除了。

新旧社会的强烈对比，使人们衷心拥护新生的人民政权，信任中国共产党的坚强领导。

平抑物价、统一财经，为国民经济的恢复创造了条件。1950 年 6 月，中共七届三中全会提出用 3 年左右时间，实现国家财政经济状况的根本好转。

此后，国民经济恢复工作，围绕土地改革和调整工商业等方面全面展开。

从 1950 年冬开始，土地改革运动在新解放区轰轰烈烈地展开。

到 1953 年春，除一部分少数民族地区外，全国有 3 亿多无地少地的农民无偿得到了约 7 亿亩土地和大量其他生产资料。

延续数千年之久的封建土地剥削制度被废除了，劳动农民翻身做了主人，亿万人民群众以极大的热情投入到生产劳动、重建家园的工作中。

新生的人民共和国，同中国历史上任何一个朝代都有着本质的区别，那就是社会制度和政权性质根本改变了。

她是人民当家做主的国家，是由广泛的人民民主统一战线作为政治保障的国家，是建立在各民族平等、团结基础上的国家。

1949 年 11 月 20 日，北京市第二届各界人民代表会议在中山公园的中山堂召开。

【孙孚凌　全国政协原副主席，时为北京市第二届各界人民代表大会代表】

参加会议的人有工人、农民、妇女，以及包括一些过去不被人重视的一些劳动人民，都参加了这次会议。人民当家做主了，这是历史上没有的。

在这次会议上，致闭幕词的是一位年逾 80 岁的普通代表。他说："我们老百姓能够选出政府来，替我们自己办事，这是我们中国老百姓一百多年来奋斗流血所要争取的目标。这个目标现在达到了！"

早在抗战时期，毛泽东就曾与黄炎培共同探讨过中国的前途和出路问题。他充满信心地说：我们已经找到了新路，"这条新路，就是民主。只有让人民来监督政府，政府才不敢松懈。只有人人起来负责，才不会人亡政息"。

毛泽东的这个回答，揭示了新生人民政权的实质，反映出共产党人对未来执政充满信心。

随着各界人民代表会议的普遍召开和各级人民政府的建立，党和人民群众的联系渠道更加畅通，人民当家做主已经成为现实，让人民来监督政府也落到了实处。民主的新路找到了它的实现形式。

为了使各级政府和人民代表会议具有广泛的群众基础，毛泽东等党和国家领导人特别注意吸收民主人士担任各界人民代表，参加各级政权的领导。一大批非中共人士在中央人民政府、政务院和各级地方政府中担任了重要职务。

新中国成立后，广大人民群众以翻身做主人的崭新面貌在战争废墟上重建家园，踊跃参加祖国建设。新中国也以强大的感召力呼唤着海外爱国人士。他们选择各种途径，冲破重重阻力，形成了新中国成立后的第一次归国热潮。

著名数学家华罗庚在离美返国前发表了《写给留美同学的公开信》，他大声疾呼："为了抉择真理，我们应当回去；为了国家民族，我们应当回去。"

许许多多像华罗庚这样的知名学者和科学家回国以后，在新中国百废待兴的各个领域和学科，起到了学术带头人的作用。他们与留在大陆的大批知识分子一道，共同开创了新中国科学文化事业的春天。

中国是一个多民族国家，正确处理好民族问题极端重要。中华人民共和国成立后，废除了旧中国长期以来实行的民族歧视和民族压迫政策，在少数民族聚居地区实行民族区域自治，在全国范围内实行民族平等和民族团结的政策，受到了全国人民包括各少数民族人民的热烈欢迎。

1950 年的秋天，来自祖国各地的各民族代表聚集北京，这是有史以来中华各民族的第一次大团聚。

中央人民政府邀请少数民族地区的一些文工团，在中南海怀仁堂联合举行了一场盛大的联欢晚会。毛泽东即兴写下了他新中国成立后的第一首诗词，用艺术的形式，表现了国内各民族大团结的盛况：

长夜难明赤县天，百年魔怪舞翩跹，人民五亿不团圆。

一唱雄鸡天下白，万方乐奏有于阗，诗人兴会更无前。

为了维护国家独立与民族尊严，力争一个和平安定的国际环境，新生的中华人民共和国，坚决废除了帝国主义各国依据不平等条约在中国享有的一切特权，主张在坚持平等互利、互相尊重领土主权等原则基础上，与各个友好国家建立外交关系。

【齐赫文斯基　俄中友好协会名誉会长、时任苏联驻北平总领事、苏联驻华使馆临时代办】

我被邀请到天安门城楼参加开国大典，苏联所有报刊次日马上发表中华人民共和国成立的消息，并宣布苏联承认中华人民共和国，任命我为苏联驻中华人民共和国大使馆临时代办。

继苏联之后，当时的各人民民主国家纷纷来电祝贺新中国的诞生。短短几个月内，保加利亚、罗马尼亚等 10 个人民民主国家相继与新中国建立了外交关系。

1949 年 12 月 6 日，毛泽东登上北上的专列，前往莫斯科。这是他生平第一次走出中国故土，出国访问。

经过谈判，中苏两国政府签订了《中苏友好同盟互助条约》和相关协定。这是新中国成立后，与外国政府签订的第一个建立在平等基础上的条约。它同一百多年来旧中国在屈辱条件下与帝国主义列强所签订的一切不平等条约，形成十分鲜明的对比。

毛泽东的这次访苏，维护了中国的民族尊严和国家主权，提高了中国的国际地位，使中苏两国的友好合作关系以法律形式固定下来。

尽管美国还试图和一些国家达成一个不承认新中国的共同立场，然而，新生的中华人民共和国并没有被孤立。

在不到一年的时间里，中华人民共和国与 18 个国家建立了外交关系，得到了 25 个国家的公开承认。新中国的开国外交，已经初步打开了局面。

1950 年 6 月，朝鲜战争爆发。美国随即打着联合国旗号武装干涉朝鲜，多次出动飞机轰炸中国东北边境城市乡村，并派遣第七舰队入侵台湾海峡，新中国面临着外部侵略的严重威胁。

应朝鲜党和政府的请求，为了抗美援朝、保家卫国，中国人民志愿军雄赳赳、气昂昂，跨过鸭绿江，奔赴朝鲜前线。

在异常残酷的战争中，志愿军指战员为完成祖国和人民赋予的使命，英勇顽强、舍生忘死，谱写了气吞山河的英雄壮歌，创造了伟大的抗美援朝精神。

抗美援朝、保家卫国，极大地激发了全国人民的爱国主义热忱。各界同胞空前团结起来，开展增产节约、积极捐献、支援前线的运动。

志愿军战士是当代最可爱的人。1951 年国庆前夜，毛泽东、周恩来设宴招待志愿军代表，表达全国人民对英雄儿女的崇高敬意。

经过三年浴血奋战，抗美援朝战争取得了伟大的胜利，它粉碎了帝国主义扩大侵略的野心，维护了亚洲和世界和平，使新中国的国际威望空前提高，为我国经济建设和社会改革赢得了一个相对稳定的和平环境。

在进行抗美援朝的艰苦环境中，新生的共和国坚持"边打、边稳、边建"的方针，国民经济得到迅速恢复和发展。在全国人民的共同努力下，工农业主要产品产量已经超过新中国成立前的最高水平，经济、政治、文化和社会面貌发生了翻天覆地的变化。

【新闻纪录片《1951 年国庆节》原解说词】

我们年轻祖国的各种建设正在蓬勃地发展。这是首都西郊的大片房屋建筑。两年来的人民首都，在各郊区和市内，都出现了这样规模宏大的修建工程。

发生翻天覆地变化的又岂止是首都北京。

鞍山钢铁厂，经过短短 3 年的建设，已经成为新中国的钢铁中心。

上海电机厂，工人们正在赶造 1 万 5 千千伏安的大型电力变压器。

塘沽新港，新中国规模宏大的商港正以崭新的姿态展现在渤海湾的滩头。

一批旧中国久拖不决、屡建不成的重大工程，在新中国成立短短的 3 年里就相继竣工。

千百年来灾难频仍的淮河流域经常发生人蛇相噬的惨剧正在成为历史。

荆江分洪工程从 1952 年 4 月开始动工，短短 75 天就完成了主体工程。

旧政权 40 年未曾修好的成渝铁路终于开通。祖祖辈辈生活在这里的人们不再感叹"蜀道难"。

孟泰、马万水、赵梦桃……这些在祖国各条战线上涌现出的先进人物和劳动模范，充分发挥了新中国主人翁的积极性和创造性，发明了许多科学的技术方法，积累了许多先进的工作经验，创造了少有的人间奇迹。

3 年来，随着国民经济的逐渐恢复和人民生活水平的不断提高，旧社会的丑恶现象基本禁绝，人们的精神面貌和社会风气也发生了巨大的变化。

家喻户晓的评剧《刘巧儿》，反映了 1950 年《婚姻法》颁布后男女平等、追求婚姻自由的社会新时尚。

著名作家老舍写的剧本《龙须沟》，真实反映了北京市人民政府改善民生、彻底整治城市面貌的情况。

西南军区文化教员祁建华发明的"速成识字法"，生动形象，简明易学，迅速在全国各地得到普及和推广，大大提高了扫盲的效率。

中国科学院等一批科研院所、高等学府，已经在北京建成。

著名的避暑胜地北戴河，迎来了来自四面八方的英雄模范和普通劳动者。劳动人民创造的文明成果，正在被人民大众自己享用。

随着新中国的成立，中国共产党已经成为领导全国政权的执政党。加强执政党的建设，保持党的纯洁性，成为中国共产党必须面对的重大课题。1949 年 11 月，中共中央决定成立中央及各级党的纪律检查委员会，朱德任中央纪律检查委员会书记。

1950 年 6 月，中国共产党开始在全党全军开展大规模的整风运动。在此基础上，1951 年 5 月，历时三年的整党工作也开始在全党逐步展开，有力地增强了党的战斗力，密切了党和群众的关系，使党初步经受住了胜利和执政的考验。

1952 年前后，党和国家还开展了"三反"运动，严惩了刘青山、张子善这样一些贪污犯，使党和国家工作人员的精神面貌更加振奋，整个社会的风气也为之焕然一新。

与此同时开展的"五反"运动，打击了资本家的违法行为，为资本主义工商业的社会主义改造创造了有利条件。

国民经济的恢复，为即将开始大规模工业化建设，打下了坚实的基础。中国共产党人用实际行动兑现了自己的承诺："我们不但善于破坏一个旧世界，我们还将善于建设一个新世界。"

毛泽东曾经直言不讳地说："现在我们能造什么？能造桌子椅子，能造茶碗茶壶，能种粮食，还能磨成面粉，还能造纸,但是,一辆汽车、一架飞机、一辆坦克、一辆拖拉机都不能造。"他焦虑的话语,道出了新中国人们奋起直追的迫切心情。

1953 年新年伊始,《人民日报》发表元旦社论,宣告我国开始执行第一个五年计划,号召全国人民同心同德,为实现工业化而积极奋斗。

中国人民在获得了民族独立的同时,又将开始把国家富强的梦想逐步变成现实!

"一五"计划规定,5 年内国家用于经济和文化建设的总投资为 766.4 亿元,折合黄金 7 亿多两。没有社会主义集中力量办大事的优越性,在经济落后的中国进行这样巨额的投资是不可想象的。

"一五"期间,在苏联政府和人民的大力支持与帮助下,中国在工业建设上接连实现了具有历史意义的许多项零的突破:

第一座生产载重汽车的长春第一汽车制造厂。

第一座制造大型机床的沈阳机床厂。

第一座大批量生产电子管的北京电子管厂。

第一座试制飞机的沈阳飞机制造厂,于 1956 年成功制造出第一批喷气式飞机。

【侯树栋　国防大学原副校长】

"一五"计划的制定和实施，是实现国家工业化的第一步，也是至关重要的一步。它为新中国建立比较完整的基础工业体系和国防工业体系奠定了初步的坚实的基础，也积累了进行建设的初步的但很可宝贵的经验。

【1953 年国庆节新闻纪录片解说词】

全国人民将在中国共产党和毛主席的领导下，为了把祖国建设成为一个伟大的社会主义国家而奋勇前进！

"建设一个伟大的社会主义国家"这个崭新的提法，开始成为 1953 年的关键词。新中国的领导人决心在实现工业化的同时，开始向社会主义过渡。

1953 年 6 月 15 日，毛泽东在中央政治局会议上发表讲话，正式提出了过渡时期总路线："从中华人民共和国成立，到社会主义改造基本完成，这是一个过渡时期。党在过渡时期的总路线和总任务，是要在十年到十五年或者更多一些时间内，基本上完成国家工业化和对农业、手工业、资本主义工商业的社会主义改造。"

此后，全国人民在开展社会主义工业化建设的同时，陆续开展了三大改造运动。

电影《三里湾》是根据著名作家赵树理的小说改编的。作者曾在山西省平顺县川底村做过深入细致的农村调查，并以此为原型创作小说《三里湾》，反映了当地农民积极要求入社的愿望和热情。

【郭得考　川底村村民】

我们那个时候工具都缺少，不是缺这就是缺那，资金也没有那么多。哪个人不想过好日子，接下来都要求参加合作社。

为了指导农业合作化运动的开展，毛泽东亲自编辑了《中国农村的社会主义高潮》一书，并为此书写了两篇序言和104条按语，提出了中国农村建设中的许多现实的和长远的大问题。

这本书于1956年1月公开出版时，全国入社的农户已占总农户的80%。

到1956年年底，全国加入农业生产合作社的农户超过96%，其中加入高级农业合作社的农户占到87%，基本上实现了农业合作化。

与农业社会主义改造不同，对资本主义工商业的社会主义改造，国家采取了和平赎买的政策。

为了推动资本主义工商业的社会主义改造健康发展，稳定工商界的思想，毛泽东于1955年10月底连续两次约集工商界一些代表人士座谈，亲自出面做他们的工作。

他说："我们的目标是要使我国比现在大为发展，大为富、大为强。""而这个富，是共同的富，这个强，是共同的强。"

毛泽东推心置腹的话语，在广大工商业者中间产生了强烈的反响。

此后，资本主义工商业改造开始进入高潮。1956 年 1 月中旬，北京市率先实现工商业全行业公私合营和农业、手工业合作化。

到这年年底，全国资本主义工商业的公私合营基本完成。

对手工业的社会主义改造，也是通过合作化道路逐步实现的。到 1956 年年底，个体劳动者也基本实现了合作化。

随着国家对农业、手工业、资本主义工商业社会主义改造的基本完成，中国实现了历史上最伟大最深刻的社会变革，进入了全面建设社会主义的新的发展时期。

在逐步建立社会主义经济制度的同时，社会主义政治制度建设也在稳步推进。

当时的政治建设，主要任务有两项：召开全国人民代表大会和制定宪法。

1953 年 7 月，基层人民代表大会代表的选举，迅速在全国范围内展开。许多选民穿上最漂亮的衣服，高高兴兴地来到投票站。

北京的基层选举工作从 12 月份开始，中南海里也设立了专门的投票站。

1954 年 4 月至 6 月，全国各地又先后选举产生了省市区人大代表和全国人大代表。

1954 年 9 月 15 日，中华人民共和国第一届全国人民代表大会第一次会议在北京中南海怀仁堂隆重开幕。

大会经过热烈讨论，一致通过了《中华人民共和国宪法》。

【周恩来同期声】

现在宣布：中华人民共和国宪法已经由中华人民共和国第一届全国人民代表大会第一次会议于 1954 年 9 月 20 日通过。

这是一部真正反映人民意志、代表人民利益的社会主义类型的宪法。它以国家根本大法的形式，把工人阶级领导的人民民主专政的国家制度和人民代表大会的政体制度，确立为新中国的根本政治制度。

人民代表大会制度的建立和《中华人民共和国宪法》的颁布实施，使中国人民行使当家做主的权利有了可靠的制度保障和宪法依据。

在 1954 年 10 月 1 日的国庆游行人群中，有一支队伍特别活跃——第一届人民代表大会代表队，"拥护宪法"、"国家一切权力属于人民"的标语特别抢眼。

从这一年起，国家明文规定国庆节放假两天。国家的节日，变成了人民欢庆的假日。

【孙国庆　北京市民】

人们对祖国的欣欣向荣感到非常自豪，一些人特意选择在国庆节结婚，许多像我父母一样的人不约而同给自己的孩子起名叫"国庆"。

人民群众用这种特殊的方式，表达着对伟大祖国的热爱之情。

中国人民政治协商会议这个经过历史考验的统一战线组织形式，在全国人民代表大会召开以后，依然长久地延续下来，发挥着重要作用，成为在中国共产党领导下的各民主党派、各人民团体和各界人士进行民主协商、参政议政的政治制度，成为我国的一项基本政治制度。

随着经济建设高潮的到来，不可避免地将要出现一个文化建设的高潮。

1956 年给中国的知识分子留下了太多的记忆，有人称之为"知识分子的春天"，有人则把它叫做"兴旺的 1956 年"。

这年 1 月 14 日，中共中央在中南海怀仁堂召开了知识分子问题会议，与会者多达 1279 人。周恩来代表中共中央作主题报告，明确提出我国知识分子中间的绝大部分"已经是工人阶级的一部分"，并向知识界发出了"向现代科学进军"的号召。

这样的判断，这样的号召，在广大知识分子中间引起了强烈的反响。

根据毛泽东和中共中央的意见，1956 年 3 月，国务院成立了科学规划领导委员会，集中几百名科学家，历时数月，制定了《一九五六——一九六七年科学技术发展远景规划纲要》。这个纲要，不仅包括自然科学，而且包括哲学社会科学。

此后，全国几百万知识分子，在这一远景规划指引下，开始掀起向科学进军的热潮。

一部由浙江排演的昆曲《十五贯》，当年轰动了北京，轰动了全国。这出改编的古装戏的演出，为"百花齐放，推陈出新"提供了榜样。

1956 年 4 月 28 日，毛泽东在中央政治局扩大会议上明确提出："艺术问题上的百花齐放，学术问题上的百家争鸣，我看应该成为我们的方针。"5 月 2 日，他在最高国务会议上正式宣布了这个方针。

"双百"方针极大地鼓舞了新中国知识分子的创作热情，推动了科学文化事业的繁荣和发展。仅学术著作一项，1956 年的出版量，就比 1950 年至 1955 年 6 年出版的总和还要多。

建设一支强大的人民军队，是维护新中国主权与领土完整、加强和巩固国防的基本前提。

新中国成立不久，就迅速建立了空军和海军领导机构，空军和海军正式成为中国人民解放军的军种。1951 年 1 月，中央军委发出"为建设正规化现代化的国防军而奋斗"的号召，这是军队现代化建设的开端。

为加强军队正规化、现代化建设，实行军衔制的问题很快被提上议事日程。1955 年 9 月 27 日，授衔授勋仪式在中南海怀仁堂隆重举行。

【《中华人民共和国主席授衔授勋典礼》同期声】

毛泽东主席将"授予中华人民共和国元帅军衔的命令状"授予朱德、彭德怀、林彪、刘伯承、贺龙、陈毅、罗荣桓、徐向前、聂荣臻、叶剑英。

朝鲜停战以后，亚洲紧张局势趋于缓和，这为新中国走向国际舞台提供了契机。

1954 年 4 月至 7 月，中国政府代表团参加了日内瓦会议。会上，新中国总理兼外交部长周恩来格外引人注目。在中国和大多数与会国家的努力下，达成了恢复印支和平协议。

1955 年 4 月，第一次亚非会议在万隆召开。周恩来率领中国代表团参加了会议，在和平共处五项原则的基础上提出了"求同存异"的方针，得到与会各国代表的热烈拥护。

在复杂的国际环境中，新中国以独立自主的崭新面貌出现在世界舞台，成为国际格局中维护远东和世界和平的一支不可或缺的重要力量。中国同印度、缅甸等国共同倡导的和平共处五项原则，逐步成为处理国与国关系的公认的国际准则。

参加 1956 年国庆节庆祝活动的人们惊喜地发现，1949 年9 月 30 日奠基的人民英雄纪念碑，已经高高耸立在天安门广场上，气势雄伟。

与这座历史纪念碑同时奠基的新中国基本制度，经过国民经济恢复时期和过渡时期的建设、革命和改造，也基本建立起来。

许多人还记得，那一年的庆祝游行是在雨中进行的。但滂沱的大雨并没有影响大家的热情。

最先通过天安门前的是工矿企业队伍。巨大的模型昭示着新中国已经造出了自己的飞机、汽车和机床；大幅的工业图表，反映了实行"一五"计划以来经济发展的速度和成效。"我们已经提前一年零三个月完成了五年计划"的标语，尤其鼓舞人心。

文艺队伍从主席台前经过，载歌载舞的他们正在"双百方针"指引下，阔步前进。在这支队伍中间，跳得最欢的是一群身着民族服装的藏族青年。他们在欢庆祖国的生日，也在庆祝西藏自治区筹备委员会的成立。

少先队员手握鲜花，在雨中鼓掌欢呼。他们是祖国的花朵，是共和国的未来。他们目睹了新中国的诞生，又要和新中国一起步入全面建设社会主义的新时代。

第三集

艰辛探索

Jianxin Tansuo

中国走上社会主义道路，实现了中国历史上最深刻最伟大的社会变革，为实现中华民族伟大复兴奠定了根本的政治前提和制度基础。然而，在中国这样一个经济文化很落后的东方大国如何建设社会主义，则是一个全新的课题，没有现成的路可走。

在异常艰难的条件下，中国共产党带领全国人民自力更生、艰苦奋斗，开始转入全面的大规模的社会主义建设，并对适合中国国情的社会主义建设道路进行艰辛探索，不断开拓前进。

社会主义基本制度的全面确立，第一个"五年计划"顺利实施，极大地鼓舞着全国人民的热情，全党全国人民团结一心、斗志昂扬，为全面建设社会主义的伟大事业而努力拼搏。

从 1957 年开始，农村普遍开展了大规模水利工程建设。许多当年建立起来的大型水库，至今仍然在当地的农业生产中发挥作用。

1957 年 2 月 18 日，全国农业劳动模范会议在北京召开；两天后，全国农业展览会在北京农业展览馆开幕。会议和展览，充分展示了农业战线的新成就。

在工业战线上，仅仅 1957 年 10 月一个月内，相继建成的重大工程就有：我国第一个天然石油基地——玉门油矿；世界最高的公路——新藏公路；万里长江第一桥——武汉长江大桥。像这样一些重大建设项目，在后来的国家经济建设和人民生产生活当中，发挥了巨大作用。

【《1957 年国庆节》新闻纪录片原解说词】

现在，我国的现代工业已经达到工农业生产总值的 40%。这样的发展速度，是旧中国所不敢梦想的。

1957 年钢产量达到 535 万吨，为解放前最高产量的 5.8 倍，煤炭产量达到 1.31 亿吨，为解放前最高产量的 2.1 倍。发电量达到 193.4 亿度，为解放前最高年发电量的 3.2 倍。

到 1957 年年底，第一个五年计划的经济指标大幅度超额完成。

1957 年 4 月 20 日，国务院下发了关于消灭血吸虫病的指示。疾病流行区域乡以上各级政府均建立了防治委员会，全面领导开展这一工作。次年 6 月 30 日，《人民日报》报道，江西省余江县率先消灭了血吸虫病。毛泽东浮想联翩，夜不能寐，写下了著名的诗篇《七律·二首》：

绿水青山枉自多，华佗无奈小虫何！千村薜荔人遗矢，万户萧疏鬼唱歌……

春风杨柳万千条，六亿神州尽舜尧……借问瘟君欲何往，纸船明烛照天烧。

"一五"期间，农业生产、交通运输、邮电通信、商业和科学教育文化事业都有很大的发展，人民生活水平也得到一定提高。各行各业蓬蓬勃勃，整个国家欣欣向荣，蒸蒸日上，全社会呈现出崭新昂扬的精神面貌，社会主义中国充满生机和活力。

新中国的经济建设，是在苏联的直接影响和帮助下起步的。经过第一个"五年计划"的实践，中国共产党已经积累了进行建设的初步经验。同时，苏联和东欧一些社会主义国家在社会主义建设过程中也暴露出一些严重的矛盾和问题。在这种情况下，中国共产党人决心走自己的路，从中国的实际出发，开始探索一条适合自己国情的社会主义建设道路。

毛泽东认为，最重要的是要独立思考，以苏为鉴，找出在中国怎样建设社会主义的道路。他直言不讳地说：要引以为戒！他们走过的弯路，你还想走？"我们的工业化，工业建设，完全应该比苏联少走弯路。"

要探索中国社会主义建设的崭新道路，就必须对中国的实际情况有一个全盘的了解。这就需要进行周密系统的调查研究。

中央档案馆保存的一本刘少奇"工作日志"，上面记载，从1955年12月7日开始，刘少奇先后约请国务院37个部委负责人听取汇报，为起草中共八大政治报告做准备。

1956年1月，毛泽东从杭州回到北京，听到这个情况后，立即表示："这很好，我也想听听。"从2月中旬开始，毛泽东用1个半月的时间，连续听取了34个部门的汇报。周恩来差不多每次都参加，刘少奇、陈云、邓小平有时也参加。这是党和国家领导人对新中国经济建设情况所作的一次全面系统的调查研究。

为了进一步了解工业建设方面情况，毛泽东等人在听取汇报期间，连续6天参观了机械工业展览。这个展览设在中南海瀛台，几乎占满了瀛台几个院落的所有平房。展室是古老而陈旧的，但展品则是现代的，代表当时中国一流水平。

"调查就像'十月怀胎'，解决问题就像'一朝分娩'。"毛泽东根据1个多月来调查研究的情况，先后在1956年4月25日中央政治局扩大会议和5月2日最高国务会议上，发表《论十大关系》的著名讲话。他初步总结了我国社会主义革命和建设的经验，全面论述了社会主义经济、政治生活中十个方面的重大关系和原则。

《论十大关系》标志着党的第一代中央领导集体对中国社会主义建设道路的探索，开始形成一个初步而又比较系统的思路。毛泽东把它看做是一个转折，强调："从一九五六年提出十大关系起，开始找到自己的一条适合中国的路线。"

《论十大关系》的提出，为中共八大的召开做好了理论准备。1956 年 9 月 15 日，中共八大隆重召开。

毛泽东在开幕词中开宗明义地指出：我们这次大会的任务是，为了建设一个伟大的社会主义的中国而奋斗。

【毛泽东致八大开幕词同期声】

我们并没有孤立的感觉，这样我们就能够一步一步地把我国建设成为一个伟大的社会主义工业化的国家。

中共八大明确提出：我国社会主义社会制度已经基本上建立起来了。今后国内的主要矛盾已经不再是工人阶级和资产阶级的矛盾，而是人民对于经济文化迅速发展的需要同当前经济文化不能满足人民需要的状况之间的矛盾；党和全国人民的当前的主要任务，就是要集中力量发展社会生产力，把我国尽快地从落后的农业国变为先进的工业国。

【杨胜群　中央文献研究室常务副主任】

确认社会主义制度已经基本建立起来了，对今后中国社会的主要矛盾作出正确的判断，并且明确指出党和人民新的历史任务就是要发展社会生产力。在这个重大问题上，当时在中共中央核心领导层当中，在全党，认识是一致的。

1957年2月27日，毛泽东在扩大的最高国务会议上作了《关于正确处理人民内部矛盾的问题》的重要讲话，明确提出必须正确区分和处理社会主义社会两类不同性质的矛盾，把正确处理人民内部矛盾作为国家政治生活的主题，以便团结全国各族人民发展我们的经济和文化，建设我们的国家。

3月17日，毛泽东乘专列离开北京，前往杭州。沿途经过天津、济南、南京、上海。在短短4天的旅途中，他接连作了4场报告，主题仍然是如何正确处理人民内部矛盾。

4月27日，根据毛泽东的意见，中共中央发出《关于整风运动的指示》，要求整风以正确处理人民内部矛盾为主题，与解决人民内部矛盾相结合。

3天后，毛泽东邀请民主党派负责人和无党派民主人士进行座谈，表明共产党的真诚态度，欢迎民主人士帮助共产党进行整风。

毛泽东提出，希望通过整风，造成一个又有集中又有民主，又有纪律又有自由，又有统一意志又有个人心情舒畅、生动活泼，那样一种政治局面，以利于社会主义革命和社会主义建设。

在整风运动的过程中，对极少数右派分子的进攻实行坚决反击，是完全必要的。但由于当时党对阶级斗争和右派进攻的形势作了过分严重的估计，导致反右派斗争严重扩大化，造成了不幸的后果。

1957 年 10 月召开的八届三中全会开始改变党的八大关于社会主要矛盾的正确判断，党内"左"的思想日渐发展。

"一五"计划取得的巨大成就，使中央和地方的一些领导干部在生产热潮中忽视经济规律，急于求成，对社会主义建设的长期性、复杂性估计严重不足。

1958 年 5 月，中共八大二次会议召开，通过了"鼓足干劲、力争上游、多快好省地建设社会主义"的总路线。此后，"大跃进"运动迅速形成了高潮。

接踵而至的是人民公社化运动。到年底，全国 74 万个农业合作社合并为 2 万 6 千个人民公社，99%的农户都参加了人民公社。

以高指标、瞎指挥、浮夸风、"共产"风为主要标志的"左"倾错误严重地泛滥开来。正常的经济秩序被破坏，1959 年到 1961 年，国民经济出现了严重困难的局面。

随着"大跃进"和人民公社化运动的问题日益暴露，从 1958 年年底到 1959 年上半年约 8 个月时间里，毛泽东领导全党和全国人民进行了初步纠"左"的努力。

但是，1959 年 7 月 2 日至 8 月 1 日的中央政治局庐山会议后期，毛泽东错误地发动了对彭德怀的批判，进而在全党错误地开展了"反右倾"斗争。这场斗争，使党内从中央到基层的民主生活遭到严重损害，在经济建设上打断了纠正"左"倾错误的进程。

"左"倾错误造成的严重后果，给中国共产党带来了深刻的教训。从 1959 年年底至 1960 年年初，毛泽东组织了一个读书小组，在杭州集中研读苏联《政治经济学教科书》。在一次读书小组的讨论会上，毛泽东拍着这本书，语重心长地说："我们都要认真地读一读，深入进去，边读边议，想一想我们自己身边的事情。"

【逄先知　中共中央文献研究室原主任】

他发表很多重要意见，就是社会主义社会要分两个阶段，一个是不发达的阶段，一个是发达的阶段。而（进入）发达的阶段比不发达阶段，时间还要长。提出中国在社会主义条件下，还要发展社会生产力。价值规律是伟大的学校。他那些意见可以看做是他对探索适合中国情况的社会主义建设道路的进一步的思考。

1960 年 6 月，毛泽东写了一篇题为"十年总结"的文章，对新中国成立后 10 年间的探索历程，作了一个初步的总结，承认"我们对于社会主义革命和建设，还有一个很大的盲目性，还有一个很大的未被认识的必然王国，我们还不深刻地认识它"。"我们还要以第二个十年时间去调查它，去研究它，去认识其中固有的规律，以便利用这些规律为社会主义的革命和建设服务"。

1961年1月，中共中央在北京召开八届九中全会。毛泽东号召全党要"大兴调查研究之风"，搞一个"实事求是年"。这次会议还通过了"调整、巩固、充实、提高"的八字方针。国民经济进入全面调整时期。

1962年1月，中共中央在北京召开扩大的中央工作会议，简称七千人大会，对近几年来的失误和挫折进行深刻的反思。毛泽东主动承担了责任。他说："凡是中央犯的错误，直接的归我负责，间接的我也有份，因为我是中央主席。"

【袁宝华　七千人大会会议代表、原国家经委副主任】

毛主席在七千人大会上的讲话，中心是讲民主集中制问题，同时讲到对于建设社会主义规律的认识，有一个长期的过程。他说，在社会主义建设上，我们还有很大的盲目性。社会主义经济，还有很多未被认识的必然王国。

不久，刘少奇主持召开了中共中央政治局扩大会议，决定对国民经济采取大刀阔斧的调整，并决定成立了以陈云为组长的中央财经小组，通过了1962年调整计划，实事求是地拟定了调整国民经济的具体措施。

经过全党的共同努力和全国人民的艰苦奋斗，调整工作取得较快成效，城乡人民生活开始好转。到 1962 年年底，中央宣布，国民经济最困难的时期已经度过了。

在挑战面前最能够看出一个民族的性格。中国共产党和广大人民群众紧紧团结在一起，奋发图强，共渡难关，表现出了中华民族自立于世界民族之林的顽强的斗争精神。

这是一个艰苦创业的年代，也是一个英雄辈出的年代。

晴天一顶星星亮，荒原一片篝火红，石油工人心向党，满怀深情望北京，满怀深情望北京。要让大草原石油如喷泉……

这是一部家喻户晓的影片《创业》，讲述了一段令人惊叹的创业史。

随着大庆油田的发现，一场石油大会战于 1960 年迅速拉开了序幕。4 万多名职工从全国各地齐聚在东北平原，他们中间有一支功勋钻井队，来自嘉峪关外的玉门油田，队长就是后来广为人知的"铁人"王进喜。

【王进喜同期声】

有条件上，没有条件，创造条件也要上。

"宁肯少活 20 年，拼命也要拿下大油田！"在莽莽雪原上，铁人王进喜的队伍手拉肩扛运钻机，盆端桶提取水，硬是用 5

天时间打出了一口井。艰苦创业的大庆精神，感动神州大地！

这是一名普通的解放军战士——雷锋。他艰苦奋斗、助人为乐的故事家喻户晓。"把有限的生命投入到无限的为人民服务中去"，是他的名言。在他的身上，集中体现了中华民族的传统美德和共产主义的道德品质。他因公殉职后，部队所在的抚顺市，有近10万普通市民自发前来送行。党和国家领导人纷纷为他题词。

毛主席亲笔题写的"向雷锋同志学习"，成为那个年代最响亮的口号。

他是"县委书记的榜样"——焦裕禄。在他担任河南省兰考县委书记期间，身患肝癌，忍着剧痛，带领干部群众同严重的自然灾害作斗争，鞠躬尽瘁、死而后已，被兰考人民誉为"党的好干部"。

在北京，掏粪工人时传祥的平凡事迹传遍大街小巷；

在上海，南京路上好八连艰苦奋斗的优良传统被人们争相传诵；

在内蒙古，草原英雄小姐妹与风雪搏斗的感人故事广为流传。

人民的奉献，英雄的传说，永久地流传下来，焕发起巨大的建设社会主义的精神力量。

正是在那个艰苦创业的年代，新中国国防工业取得重大突破。

早在 1956 年，研制导弹、原子弹就被列入我国的 12 年科学技术发展规划。1960 年我国成功地发射了第一枚自主研制的导弹。1961 年，在苏联已经撤走专家、带走图纸的严峻情况下，中共中央作出以研制"两弹"为中心，加速发展国防工业的重大决策。钱三强、钱学森、邓稼先、王淦昌、朱光亚等一批批著名科学家，为了祖国和人民的最高利益，默默无闻，艰苦奋斗，无私奉献，以高昂的爱国主义精神投入到科研工作中。

经过几年的辛苦努力，1964 年 10 月 16 日，中国第一颗原子弹终于在罗布泊试验基地爆炸成功。

消息传到北京，人民大会堂已经华灯初上，大型音乐舞蹈史诗《东方红》正在这里拉开序幕。

【周巍峙　时为大型音乐舞蹈史诗《东方红》领导小组成员、指挥部副主任】

当时我看到总理打完电话很兴奋。他就说同志们啊，我告诉你们一个好消息，希望你们跳脚不要把宴会厅的地板跳坏了。我们自己自力更生，用我们自己的力量，自己创造的原子弹，成功地爆炸啦。啊，大家都高兴啊。

1967 年夏，来自中国西部上空的一声闷响，宣告了第一颗氢弹爆炸成功，标志着新中国核武器的发展进入了一个新的阶段。

更令人振奋的是，1970 年 4 月 24 日，中国第一颗人造地球卫星发射成功。5 月 1 日，当它飞临祖国上空的时候，《东方红》乐曲响彻寰宇。天安门广场庆祝五一节的人们，和全国人民一起欢声雷动。"两弹一星"精神极大地丰富了中华民族精神，成为全国各族人民建设社会主义现代化的巨大精神动力。

1964 年成功排演的大型音乐舞蹈史诗《东方红》，是对新中国文艺工作的一次检阅，代表了当时国家的最高艺术水平。

这一时期的戏剧、电影、音乐、舞蹈、小说、散文和诗歌等都涌现出大批优秀作品，生动地体现了"古为今用、洋为中用、百花齐放、推陈出新"的文艺方针。

1964 年年底到 1965 年年初，三届全国人大一次会议在北京召开，第一次完整地、明确地提出了要把我国建设成为一个具有现代农业、现代工业、现代国防和现代科学技术的社会主义强国的奋斗目标。

在寻找适合中国国情的建设道路中，全党和全国人民努力奋斗，使我国的社会主义建设在曲折中向前发展。

中国经济保持了比较快的发展速度，人民群众基本生活需求得到满足，人民文化素质和健康水平得到提高，国家科学技术发展取得成就，国际地位不断提高。其中最大的建设成就，是我们基本建立了独立的、比较完整的工业体系和国民经济体系，从根本上解决了工业化中"从无到有"的问题，使中国在赢得了政治上的独立之后赢得了经济上的独立，为中国以后的发展奠定了物质技术基础。

1965 年 11 月 10 日，上海《文汇报》刊出《评新编历史剧〈海瑞罢官〉》一文，成为发动"文化大革命"的导火线。1966 年 5 月 16 日，"五·一六"通知下发，"文化大革命"正式发动。

这是一场由领导者错误发动，被林彪、江青反革命集团利用的内乱，给党、国家和人民造成了新中国成立以来最严重的挫折：国民经济遭到严重损失，民主和法制遭到践踏，科技水平在一些领域与世界先进国家的差距进一步拉大，党风和社会风气遭到严重破坏。

尽管发生了"文化大革命"的错误，但是党内外的广大干部群众没有动摇过热爱祖国和拥护党、拥护社会主义的坚定信念。很多干部和群众都在自己的本职工作岗位上顶着压力，坚持生产，为社会主义建设而奋斗。

在这一时期，中国外交局面开始发生重大变化。

经过坚持不懈地努力，在许多第三世界国家以及主持正义的其他国家的支持下，1971 年 10 月，第 26 届联合国大会恢复了中华人民共和国在联合国的合法席位和权利。毛泽东深有感触地说：这是黑人兄弟把我们抬进去的。

当联合国恢复新中国合法席位的电波传遍世界的时候，美国总统特使基辛格的飞机正从太平洋上空返航归国。这已是他第二次神秘的中国之旅，为尼克松访华做最后的准备。在中美两国领导人的共同努力下，中美关系正常化的大门即将打开。

1972 年 2 月 21 日，美国总统尼克松一行抵达北京，两国领导人的手伸过了世界最辽阔的海洋，握在了一起。28 日，双方签订《联合公报》，标志着两国关系正常化过程的开始。

9 月 25 日，日本首相田中角荣来华访问。双方签署了中日联合声明，实现了邦交正常化。

在此前后，同中国恢复和建立外交关系的还有意大利、联邦德国等 41 个国家。西方世界对中国长达 20 多年的封锁就这样被打破，一个崭新的外交格局出现了。

1971 年 9 月，发生了林彪反革命集团阴谋夺取最高权力、策动反革命武装政变的事件。"九·一三事件"客观上宣告了"文化大革命"的失败。

此后，党中央开始逐步调整干部政策，"解放"了一大批老干部。根据毛泽东的提议，中共中央于 1973 年 3 月作出决定，恢复邓小平的党组织生活和国务院副总理职务。此时的邓小平，已经回到了阔别 3 年多的北京。

1975 年 1 月，中共中央发出 1 号文件，任命邓小平为中共中央军委副主席兼中国人民解放军总参谋长。在随后召开的中共十届二中全会上，邓小平当选为中央副主席、中央政治局常委。

1975 年 1 月 13 日至 17 日，第四届全国人民代表大会在北京召开。周恩来在政府工作报告中重提实现四个现代化的宏伟目标，给困境中的人民以极大的鼓舞，唤起了人们的新希望。

由于周恩来病情日益加重，四届全国人大以后，邓小平即受毛泽东的委托，全面主持党政军日常工作，着手进行大刀阔斧的整顿，迅速收到显著效果。

这次整顿实际上是后来拨乱反正的预演。虽然因为受到"四人帮"的干扰而中断，但它对当时中国经济的发展和未来中国的启示作用，却是不容忽视的。邓小平后来这样评价说：整顿是改革的实验。

命运多舛的中国，就像滔滔不绝的黄河，走过了九曲十八弯，走进了难忘的 1976 年。

1 月 8 日，党和国家重要的领导人周恩来逝世。十里长街，万人同哭。

清明节前后，爆发了以天安门事件为代表的悼念周恩来、反对"四人帮"的运动。

中共中央政治局和毛泽东对这场运动作出错误判断，错误地撤销了邓小平的党内外一切职务。

这一年7月和9月，新中国的缔造者和领导者朱德、毛泽东先后逝世，举国悲痛。

以毛泽东为核心的第一代中央领导集体，领导全党全国各族人民取得了新民主主义革命的伟大胜利，建立了新中国，确立了社会主义基本制度，使古老的中国以崭新的姿态屹立在世界的东方。毛泽东等老一代革命家的历史功勋，将永远记载在党和国家的史册上。

这年10月，华国锋、叶剑英、李先念等同志代表中共中央政治局，执行党和人民的意志，采取断然措施，一举粉碎了"四人帮"，挽救了党、挽救了社会主义事业。

欢天喜地的锣鼓声，从首都北京敲到了全国各地。整个中国被喜庆和狂欢的氛围所笼罩。

10年的"文化大革命"结束了，一场浩劫终于过去，党和国家事业的发展翻开了新的一页。

第四集

伟大转折

Weida Zhuanzhe

一个伟大事件对社会发展的作用，往往会随着岁月的推移而逐渐彰显出来。

中共十一届三中全会，在邓小平的领导下和老一辈无产阶级革命家的支持下，果断作出了把党和国家工作中心转移到经济建设上来、实行改革开放的历史性决策，实现了新中国成立以来中国共产党历史上的一次伟大转折，标志着中国进入社会主义事业发展的新时期。

从那时以来，中国共产党人和中国人民以一往无前的进取精神和波澜壮阔的创新实践，谱写了中华民族自强不息、顽强奋进新的壮丽史诗，中国人民的面貌、社会主义中国的面貌、中国共产党的面貌发生了历史性变化。

粉碎"四人帮"后，欢欣鼓舞的人们强烈要求纠正"文化大革命"的错误理论、方针和政策,彻底扭转十年内乱造成的严重局势,使党和国家从危难中重新奋起。

然而,告别过去并不是一件容易的事。

1977 年 2 月 7 日,"两报一刊"发表了一篇社论,叫做《学好文件抓住纲》。社论提出:凡是毛主席作出的决策,我们都坚决拥护,凡是毛主席的指示,我们都始终不渝地遵循。

"两个凡是"的主张,给满怀希望的人们泼了一盆冷水。百业待举的中国面临一个重大历史关头,怎样才能打破旧的思想束缚,找到一条发展的新路呢?

1975 年,邓小平在"文化大革命"的艰难岁月里,大刀阔斧地主持整顿各方面工作,给人们留下了深刻的印象。人们把期盼的目光投向了这位久经考验的革命家。

1977 年 3 月,在中共中央工作会议上,陈云、王震等老一辈革命家提出让邓小平重新参加党中央的领导工作。

几个月后,中共十届三中全会决定恢复邓小平党中央副主席、中央军委副主席、国务院副总理、中国人民解放军总参谋长等职务。

7 月 30 日晚上,在政坛沉寂已久的邓小平,出现在一场足球赛的看台上。日本共同社记者描述道:数万观众撇开比赛,霎时都站立起来,向他报以狂热的掌声。这一刻,欢呼的人们或许已经意识到:以后的岁月,中国的命运将和这位容光焕发的老人紧紧连在一起。

人们期待着邓小平的复出能给中国带来新的变化。

而此时的邓小平和他的战友们则冷静地思考和寻找着拨乱反正的突破口。

"文化大革命"期间，世界范围内新技术革命蓬勃展开，科技发展一日千里。同发达国家相比，中国的科学技术与教育大大落后了。当时，美国有科研人员 120 万，苏联有 90 万，中国只有 20 多万，而且出现了严重的人才断层。

邓小平敏锐地看到了科学和教育的重要作用。他说："实现现代化，关键是科学技术要能上去，发展科学技术，不抓教育不行。""一定要在党内造成一种空气：尊重知识，尊重人才。"

刚刚复出的邓小平，主动要求分管科技教育工作，以科技教育为突破口推动拨乱反正。他对科技人员说：我愿当大家的"后勤部长"。

1977 年 8 月召开的"科学和教育工作座谈会"，是邓小平复出后亲自主持召开的第一个会议。

在会上，一些学者强烈要求恢复高考。

【刘西尧　时任教育部部长】

小平同志说，今年是不是来不及了。我说，要推迟开学那还可以。小平说，既然这样，那就今年就恢复。

邓小平一锤定音，中断 11 年的高校招生制度得以恢复。

1977 年的冬天，全国有 570 万考生参加高考。1978 年夏，全国又有 610 万名考生参加高考。两届共录取 68 万名大学新生。

1978 年春天，27 万多新生步入了大学校园。青春、热血、责任和希望在他们心中激荡。"团结起来，振兴中华"成为当时学子们的共同心声。

新华书店的门口排起了长龙，爱读书在社会上蔚然成风。

在"哥德巴赫猜想"研究中取得世界领先地位的数学家陈景润成了那一代青年人的楷模和偶像。

1978 年 3 月 18 日至 31 日，5500 多名科技工作者，欢聚在人民大会堂，参加在这里举行的新中国成立后召开的第一次全国科学大会。

【邓小平同期声】

科学和生产力的关系越来越密切了，科学技术作为生产力，越来越显示出巨大的作用。在社会主义社会里，工人阶级自己培养的脑力劳动者已经是无产阶级自己的一部分。

邓小平在会议上的讲话，对于知识分子的公正评价，激起了广大知识分子的强烈共鸣。

【宋健　全国政协原副主席、原国家科委主任】

把科学技术和生产力联系起来，这的确是一次巨大的思想解放。以后不久，小平同志又加了一句，说科学技术不仅仅是生产力，而且是第一生产力，我们实现现代化，要搞现代化，首先要把科学技术现代化搞起来。

【杨乐　全国科学大会代表、数学家】

在全国科学大会上，小平同志代表中央作了这样明确的宣布，所以大家感到无比地振奋。在讨论的时候，很多科学家都说，这是我们第二次的解放。

在这个美好的春天里，中国的政治、经济、文化和社会生活各个领域都发生了许多令人振奋的变化。

1978 年的春节，全国有 60% 的职工拿到了十年以来第一次增加的工资。

很久都听不到的老歌又唱起来了，久违的老电影又开始放了。一些中外优秀文学作品重新与读者见面了。这些艺术作品，仿佛一朵朵绽放的鲜花，进一步唤起了人们对美好事物的向往，对思想解放的渴望。

1978 年 5 月 10 日，中央党校内部刊物《理论动态》发表了经胡耀邦审定的文章《实践是检验真理的唯一标准》，5 月 11 日，《光明日报》以特约评论员名义发表，新华社向全国转发。第二天《人民日报》、《解放军报》和 7 家省市级大报同时转载，随后，全国 20 多个省、市、自治区的大报相继转载了这篇文章。

【胡福明　时为南京大学哲学系教师】

宣传实践是检验真理的唯一标准，就是宣传实践第一，宣传实事求是，宣传马克思主义的思想路线。

一石激起千层浪。由于这篇文章锋芒直指"两个凡是"，很快引起了全党全社会的高度关注，迅速在全国引起了一场轰轰烈烈的关于真理标准问题的大讨论。

【李景田　中央党校常务副校长】

不突破"两个凡是"的束缚，改革开放的步子就迈不开，所以就必须从最基本的哲学命题讨论开始。

讨论引起邓小平的高度关注。6 月 2 日，他在全军政治工作会议上指出：有一些同志天天讲毛泽东思想，却往往忘记、抛弃甚至反对毛泽东同志的实事求是、一切从实际出发的观点。使我们的思想来个大解放，这确实是一个十分严重的任务。

1978 年 9 月，从朝鲜访问回国的邓小平到了东北，他行程数千里，号召大大小小的干部都要开动脑筋，冲破禁区，破除僵化。他反复强调：现在摆在我们面前的问题，关键还是实事求是、理论与实际相结合、一切从实际出发。我们一定要根据现在的有利条件加速发展生产力，使人民的物质生活好一些，使人民的文化生活、精神面貌好一些。

与此同时，陈云、叶剑英、李先念等老一辈革命家也旗帜鲜明地支持真理标准问题的讨论。

真理标准的讨论和党内外思想解放的浪潮直接影响到了随即召开的中央工作会议的议题。

1978 年 11 月 10 日，中央工作会议在北京开幕。这是十一届三中全会的一个准备会议，会议原定的议程是讨论农业和经济问题。

在会议讨论中，陈云率先提出要系统地解决历史遗留问题的意见，要求平反冤假错案、纠正"文化大革命"错误，引起强烈反响。会议的方向转向了解决思想路线、政治路线、平反冤假错案的问题上。

原定半个月的会议，一直开了 36 天。在激烈的争论中，一些曾被视为禁区的问题，一些最敏感的话题，摆上了桌面。

会场内惊雷阵阵，会场外也并不平静。

一名叫宗福先的上海普通工人创作的话剧《于无声处》正在上演。话剧讲述了 1976 年一名到天安门广场悼念周总理的青年遭到"四人帮"通缉的故事。

11 月 14 日，参加中央工作会议的 210 多名代表也集中观看了这出话剧。当天，经中央政治局常委批准，北京市委宣布为天安门事件平反。

中央工作会议就要结束了。对这次会议应该作怎样的总结，应该怎样引导人们面对未来呢？

会议结束20多年后，人们才偶然发现邓小平的一个讲话提纲。三张16开的白纸，400字左右，邓小平亲笔写下了总结讲话稿的提纲。

12月13日，在中央工作会议的闭幕会上，邓小平作了题为《解放思想，实事求是，团结一致向前看》的讲话。这篇讲话，实际上成为随后召开的十一届三中全会的主题报告。

【邓小平讲话同期声】

今天我主要讲一个问题，就是解放思想、开动脑筋、实事求是、团结一致向前看。只有思想解放了，我们才能正确地以马列主义、毛泽东思想为指导，解决过去遗留的问题，解决新出现的一系列问题。

一个党，一个国家，一个民族，如果一切从本本出发，思想僵化，迷信盛行，那它就不能前进，它的生机就停止了，就要亡党亡国。

如果现在再不实行改革，我们的现代化事业和社会主义事业就会被葬送。

1978年12月18日，党的十一届三中全会在北京召开。由于中央工作会议对许多问题已做了充分的酝酿和准备，这次会议只开了5天，就顺利完成了各项议程。

这次会议冲破长期"左"的错误的严重束缚，高度评价了关于真理标准问题的讨论，停止使用"以阶级斗争为纲"这个不适用于社会主义社会的口号，果断作出把党和国家工作中心转移到经济建设上来、实行改革开放的历史性决策，重新确立了马克思主义的思想路线、政治路线和组织路线。全会恢复了党的民主集中制的优良传统，审查解决了历史上遗留的一批重大问题和一些重要领导人的功过是非问题，开始了系统清理重大历史是非的拨乱反正。全会还提出要正确对待毛泽东的历史地位和毛泽东思想的科学体系，为纠正毛泽东晚年的错误、同时坚持和发展毛泽东思想指明了方向。

会议还决定在党的生活和国家政治生活中加强民主，提出了使民主制度化、法律化的重要任务；加强党的领导机构，恢复重建党的纪律检查机关。会议增选陈云同志为中共中央副主席，选举他为中央纪律检查委员会第一书记。这次会后实际上形成了以邓小平同志为核心的党的第二代中央领导集体。

【杨胜群　中央文献研究室常务副主任】

十一届三中全会是新中国成立以后我们党历史上具有深远意义的历史转折。社会主义的改革开放，是由这次会议拉开序

幕的。建设中国特色社会主义的道路，是以这次会议为开端而
开辟的。中国特色社会主义理论体系，是在这次会议前后逐渐
地形成和发展起来的。十一届三中全会是一个光辉的标志，标
志着我们国家进入了改革开放的新时期。

就在十一届三中全会召开前后，广袤的中国农村悄然兴起
了一场伟大的改革。

安徽，是中国中部的一个农业大省。1978 年夏秋之际，
安徽遭受百年不遇的特大旱灾，中共安徽省委作出把土地借给
农民耕种，不向农民征统购粮的决策。这一决策激发了农民的
生产积极性，也引发出一些农民包产到户、包干到户的行动。

1978 年年底，安徽的小岗村十八户农民，在一张大包干
契约上摁下了自己的手印。这一更为大胆的举动给人们留下了
深刻的印象。在此后的岁月中，小岗也成为了中国农村改革的
象征。

在此前后，四川、内蒙古、甘肃、河南、贵州等不少地方
的农民在生产实际中也创造出了包产到组、包产到户、联产计
酬等多种多样的生产责任制形式。

随着包产到户从暗处走到明处，从个别省份走到全国许多
省份，由此引起的责难也纷至沓来，引发了一场关于包产到户
的争论。

1980 年 5 月，邓小平在同中央负责人的一次谈话中肯定了安徽农村改革，他说，"农村政策放宽以后，一些适宜搞包产到户的地方搞了包产到户，效果很好，变化很快"；"有的同志担心，这样搞会不会影响集体经济。我看这种担心是不必要的"。

不久，中央下发《关于进一步加强和完善农业生产责任制的几个问题》，肯定了包产到户的社会主义性质。从此，农村改革从局部试验进入到全面推广阶段。希望的田野上留下了农村改革的坚实脚印。

从 1982 年开始，中共中央连续发出 5 个关于农村发展的一号文件，既肯定联产承包的基本原则，废除人民公社体制，恢复和建立乡镇政府，又不走土地私有化道路，而是实行家庭联产承包为主，统分结合、双层经营，解决了我国社会主义农村体制的重大问题。

1984 年，全国 99% 的生产队选择了家庭联产承包责任制，中国人均粮食拥有量达到 800 斤，已接近世界平均水平。

与此同时，城市改革也从试点企业逐步开始了。

1978 年 10 月，重庆钢铁公司、四川省宁江机床厂等 6 家国有企业在全国率先进行"扩大企业自主权"的试点。1979 年 4 月，党中央和国务院宣布首都钢铁公司等 8 家大型国有企业开始试点。

扩大企业自主权，突破了高度集中统一的传统国有企业管理模式，调动了各方面的积极性，激发了企业的创造力。

1979 年 7 月，国务院印发了《关于扩大国营工业企业经营管理自主权的若干规定》等 5 个文件，以放权让利为重点的国有企业改革在全国拉开序幕。

从 1981 年起，扩大企业自主权的工作，在国营工业企业中全面推广。

1979 年，大批下乡知识青年开始返城。不少"待业青年"为了生活，开始自谋职业。"个体户"开始为中国老百姓所熟知。

1981 年，中央提出要着重开辟在集体经济和个体经济中的就业渠道。当年，全国个体户达 261 万户，从业人员 320 万人。

这期间，还有一批知识分子执著于将科研成果转化为直接的生产力。

陈春先，中国科学院物理所研究员、著名等离子物理学家。1980 年 12 月，年近半百的陈春先带领中国科学院 15 位科技人员在中关村的一个仓库里办起了国内第一个民营科技实体，点燃了科技人员"下海"的火种。

中国这批最早的创业者们，以他们的勇气迈出了走向市场的第一步。

邓小平敏锐地触摸到了时代的脉搏。早在 1979 年 11 月，他在一次会见外国客人时明确提出：市场经济不能说只是资本主义的，社会主义也可以搞市场经济。

邓小平的这个新思想，从一开始就为探索中国经济体制改革的目标确定了一个主题。

伴随着改革的脚步，中国迈开了走向世界的步伐。

1978 年，邓小平访问了日本等国家，他的感受是：中国同发达国家相比，经济上的差距可能是 20 年、30 年，有的方面甚至是 50 年。他感慨地说，中国正面临着严峻的挑战和难得的发展机遇。

在邓小平的倡导下，1978 年，中国先后派出多批政府代表团出国考察。有 12 位副总理和副委员长以上的党和国家领导人，先后访问了亚洲、欧洲、非洲、拉丁美洲等 51 个国家，为对外开放营造了良好的外部环境。

1979 年 1 月 1 日，中美两国首脑互致贺电，祝贺两国正式建立外交关系。

1 月 28 日，中国农历大年初一。邓小平到了美国，这是新中国成立以来中国领导人第一次访问美国。

在白宫南草坪上，时任美国总统卡特为邓小平举行了盛大的欢迎仪式。

在欢迎的人群中，有 50 位一个月前刚刚到达美国的第一批中国留学生和访问学者。那一年，他们从全国成千上万的人选中被选拔出来，来到美国进行两年的学习交流。国门开启，新中国历史上迎来了最大的一次留学热潮。

访美期间，邓小平与卡特总统共同签署了《中美科技合作和文化协定》。

在短短八天的访问行程中，邓小平与美国各界上百名代表进行了会谈，所到之处都在介绍中国走向开放的政治和经济政策。一位美国高级官员说，所有见过邓小平的人都对他宏伟的计划感到惊异。

打开国门的中国，让许多外国企业家看到了商机。

1978 年 10 月，美国通用汽车公司派出一个代表团，到中国商谈重型汽车合作项目。在谈判过程中，发生了一件意想不到的事。

【李岚清　中央政治局原常委、国务院原副总理】

在谈判当中，墨菲先生突然提了一个问题，说你们中国为什么只能谈技术引进呢？为什么不能谈合资呢？当时他用英文说 joint venture。照字面上讲应该是共担风险，但是究竟具体含义是什么不知道，因为从来没有遇到过这样一个词汇。他就请他下面一个经理给我们做了一个详细的介绍。因此我们也把这次谈判的情况详细写了简报。都画了圈了，唯独小平同志在画了圈以后简报的内容里面他建议我们搞合资经营，这个话他画出来，又写了几个字，"合资经营可以办"。

虽然由于种种原因，中国重型汽车项目与通用汽车公司的合资并没有谈成，但它却为此后中国和其他国家汽车行业的合资经营打开了局面。

此时，在中国南方，一个对外开放的窗口，正悄然打开。

1979 年 1 月，当一封关于香港厂商要求回广州开设工厂的来信摘报送到邓小平办公室时，他当即批示：这种事，我看广东可以放手干。

就在这个月，广东省和交通部联名向国务院递交了一份报告，请求批准香港招商局在宝安县邻近香港的地区建立工业区。25 天后，在北京中南海，时任国务院副总理李先念在这张地图上圈出了中国经济特区的第一块土地。

几个月后，在轰鸣的炮声中，方圆 2.14 平方公里的蛇口工业区诞生了。

在蛇口工业区筹建的过程中，广东省的负责人提出了一个更大胆的设想。

1979 年 4 月 8 日，时任广东省委第一书记的习仲勋在中央工作会议的发言中提出，广东邻近港澳，华侨众多，希望中央给点权，在临近香港、澳门的深圳、珠海、汕头建立出口加工区。

【王全国　时任中共广东省委书记】

这个想法得到邓小平的赞同。他建议出口加工区可以叫特区，还说"中央没有钱，可以给些政策，你们自己去搞，杀出一条血路来"!

1979 年 7 月，中共中央、国务院批转了广东、福建两省分别向中央递交的关于试办特区的两个报告。文件明确指出，先在深圳、珠海两市试办"出口特区"，待取得经验后，再考虑在汕头、厦门设置。

1980 年 5 月，中央决定将出口特区改称为经济特区。

8 月，第五届全国人大常委会第十五次会议批准《广东省经济特区条例》。时任国家进出口管理委员会副主任的江泽民在会上作了关于在广东、福建两省设置经济特区和《广东省经济特区条例》的说明。

深圳、珠海、汕头和厦门四个经济特区相继兴建。

改革开放是在全面拨乱反正中推进的。十一届三中全会以后，在党中央的领导下，大规模的平反冤假错案和处理历史遗留问题、落实干部政策、调整社会关系等各项工作开始有步骤地全面展开。

与此同时，党中央纠正了民族、宗教等工作中"左"的错误，大规模地调整社会关系，农村中的地富分子一律摘帽，给予社员待遇。城市中的小商、小贩、小手工业者恢复了劳动者身份。

平反冤假错案，帮助人们卸下沉重的历史包袱；社会关系的调整，进一步凝聚和鼓舞了人心。

为了更好地统一全党的思想，1979 年 3 月 30 日，邓小平在党的理论工作务虚会上鲜明地提出：

【邓小平讲话同期声】

为了实现四个现代化，我们必须坚持社会主义道路，坚持无产阶级专政，坚持共产党的领导，坚持马列主义、毛泽东思想。中央认为，今天必须反复强调坚持这四项基本原则，决不允许在这个根本立场上有丝毫动摇。如果动摇了这四项基本原则中的任何一项，那就动摇了整个社会主义事业，整个现代化建设事业。

这时候，政治体制改革也提上了中央的议事日程，并取得了许多成果。

1980 年 2 月，十一届五中全会通过了《关于党内政治生活的若干准则》。

【章百家 中央党史研究室副主任】

《关于党内政治生活的若干准则》，是为了贯彻十一届三中全会精神的一个决定，就是要健全党规、党法，加强党的建设。可以说这个准则是我们社会主义建设新时期党的一部十分重要的法规。

1980 年 8 月 18 日，邓小平在中央政治局扩大会议上发表《党和国家领导制度的改革》的讲话，为推进政治体制改革指明了方向。在这篇讲话中，他提出了废除干部领导职务终身制，逐步实现干部队伍革命化、年轻化、知识化、专业化等思想。

中国改革开放的大业，要由德才兼备的人来接班。1981 年，邓小平提出，老同志要退让，从上到下要有意识地选一些比较年轻的人、真正坚持现在政治路线的人、正派的人、党性强的人。选拔培养中青年干部，是个战略问题，是决定我们命运的问题。培养接班人、选拔中青年干部充实领导岗位的工作在全国展开。

到 1982 年 6 月底，中共中央和国务院各部门的新的领导班子中，新选拔的中青年干部占 66%。

这是新中国历史上最大的一次审判。它宣告了一个加强社会主义民主和法制新时代的开始。

【邓小平会见法拉奇同期声】

法：你们对"四人帮"进行审判的时候，在何种程度上会牵涉到毛主席？

邓：我们要对毛主席一生的功过作客观的评价。我们将肯定毛主席的功绩是第一位的，他的错误是第二位的。我们要实事求是地讲毛主席后期的错误。我们还要继续坚持毛泽东思想。

邓小平亮明的这一思想是当时正在进行的《关于建国以来党的若干历史问题的决议》起草工作的指导思想。

这是一次规模空前的党内大讨论，也是对新中国成立以来历史进行的一次深入、具体的研究。党内外共有四千多人参加了这次长达一个月的大讨论。

【邵华泽　中国记协名誉主席、人民日报社原社长】

我们参加讨论当中，大多数同志还是能够理解并且同意文件上所提到的肯定毛泽东的历史地位，但是也有一些不太正确的看法和言论。

邓小平说：不提毛泽东思想，对毛泽东同志的功过评价不恰当，老工人通不过，土改时候的贫下中农通不过，同他们相联系的一大批干部也通不过。如果不写或写不好毛泽东思想这一部分，整个决议都不如不做。

【邓小平同期声】

没有毛主席就没有新中国！这丝毫不是什么夸大。毛泽东思想培育了我们整整一代人。没有毛泽东思想就没有今天的中国共产党。

邓小平同志还语重心长地说：没有毛主席，至少我们中国人民还要在黑暗中摸索更长的时间。

历时 19 个月，经 7 次修改后，1981 年 6 月，《关于建国以来党的若干历史问题的决议》（以下简称《决议》）在党的十一届六中全会上通过。

这个《决议》，总结新中国成立以来的历史经验和教训，对新中国成立以来一系列重大历史问题作出正确的结论，根本否定了"文化大革命"和"无产阶级专政下继续革命"的理论，科学地评价了毛泽东和毛泽东思想的历史地位，完成了党的指导思想的拨乱反正。随着国内局势的发展和国际局势的变化，越来越显示出党作出这个重大决策的勇气和远见。

解决了历史的遗留问题，中国描绘未来的蓝图变得前所未有的清晰。

1982 年 9 月，党的十二大在北京召开，大会主题是全面开创社会主义现代化建设的新局面。

正是在这次大会的开幕式致词中，邓小平根据中国共产党领导人民几十年来的艰辛奋斗，得出了一个震古烁今的历史结论——

【邓小平同期声】

把马克思主义的普遍真理同我国的具体实际结合起来，走自己的道路，建设有中国特色的社会主义，这就是我们总结长期历史经验得出的基本结论。

建设有中国特色的社会主义，这是一个新的重大命题，是一条新的道路，从此成为凝聚全党全国各族人民推进改革开放和社会主义现代化事业的伟大旗帜。

这次大会实现了领导干部的新老交替。在大会选出的 348 名中央委员、候补中央委员中，新当选的达到 211 名。其中包括当时担任电子部部长 55 岁的江泽民。

9 月 13 日，邓小平、陈云等老一辈革命家与 39 位新当选的年轻中央委员和中央候补委员见面并一一握手。他们当中最年轻的是毕业于清华大学，当时担任甘肃省建委副主任的胡锦涛。

改革开放的大潮滚滚向前。一大批德才兼备的中青年干部走上中央领导岗位，使我们党更加充满生机活力，为全面开创社会主义现代化建设的新局面提供了重要的组织保证。

第五集

潮涌神州

Chaoyong Shenzhou

　　浙江义乌，30多年前很少有人知道这个地名。它既不沿江，也不靠海，没有任何资源优势，也没有国家特殊政策的惠顾。但这里的人们有着做小买卖的传统。1983年，在改革大潮的推动下，义乌县委作出了一个大胆的决议：开放市场，允许农民经商。

　　20多年来，义乌小商品市场已经发展成为世界上最大的小商品批发市场。在这里，浓缩了中国改革开放多少值得回味的记忆。改革开放不断催生着人们的信心和希望，变革图新如春潮奔涌。

　　1983年春节前夕，邓小平离开北京，到了富甲一方的江苏、浙江和上海。一路上，邓小平最关心的是党的十二大确定的小康目标能不能实现，用什么方法实现。

从 2 月 6 日到 27 日，20 多天的时间里，邓小平一路走，一路看，一路论证，他看到的是：人们喜气洋洋，新房子盖得很多，市场物资丰富，干部信心很足。小康目标有望提前实现。

【顾秀莲　全国人大常委会原副委员长、时任江苏省省长】

那个时候呢，我们江苏省的经济在全国来讲是比较发达的一个省，我们苏州是全省经济发展比较好的，那个时候工农业总产值就已经达到了 800 美元，有的社队、有的地方比这个还要高，已经到了小康这个指标了，当我们汇报这种情况的时候，小平同志他说非常高兴，你们这个地区经济发展得这么好，听说你们六年就翻了一番了。我们说是啊，翻了一番了。他说以后你们能不能在这个基础上再翻一番呢，我们说能。

在苏州，邓小平得知，当地社队企业凭借灵活的经营机制，依靠市场，得以快速发展。这引起了他的极大兴趣。

1984 年 3 月，中共中央、国务院发出文件，将社队企业改名为乡镇企业，指出，乡镇企业已成为国民经济的一支重要力量，是国营企业的重要补充。

农村改革解放了农村生产力，也把大批农民从土地的束缚中解放了出来。随着家庭联产承包责任制和农村产业结构调整的推进，一些农民开始进入工业领域，由此创造了乡镇企业这一未曾料到的新生事物。

人们把联产承包责任制和乡镇企业合称为"中国农民的两项伟大创造"。20世纪80年代中期，中国的乡镇企业迅速发展，后来逐渐在整个国民经济中形成了三分天下有其一的局面，在有些地区甚至占据了半壁河山，给农村发展注入了崭新活力。

1987年，邓小平在会见外国客人时谈到，中国农村改革中，乡镇企业发展起来了，这是完全没有预料到的最大的收获。他用了四个字形容乡镇企业迅猛的发展势头："异军突起。"

1984年2月，邓小平前往经济特区深圳、珠海、厦门视察。经济特区的勃勃生机让他备感振奋。他说："特区是我倡议办的，看来路子走对了。"他赞扬说，特区是技术的窗口，管理的窗口，知识的窗口，也是对外政策的窗口。

欣喜和期待之情，浓缩在他的题词之中："深圳的发展和经验证明，我们建立经济特区的政策是正确的。""把经济特区办得更快些更好些。"

回到北京，邓小平对其他中央负责同志说：我们建立经济特区，实行开放政策，有个指导思想要明确，就是不是收，而是放。除现在的特区之外，可以考虑再开放几个港口城市。

根据邓小平的意见，中央书记处和国务院召开了沿海部分城市座谈会，决定将厦门经济特区扩大到全岛，并实行自由港的某些政策，同时决定开放北到大连，南至北海的14个沿海港口城市。

此后，中央又先后决定把长江三角洲、珠江三角洲、闽南厦漳泉三角地区、辽东半岛、胶东半岛开辟为沿海经济开放区，建立经济技术开发区，又批准海南建省并确定海南岛为经济特区。这些举措，促使有两亿人口的沿海地带比较快地发展起来。由点到线，由线到片，中国的开放格局向纵深挺进，标志着对外开放进入了一个新的阶段。

1984 年 10 月 1 日，天安门广场举行了国庆 35 周年盛大庆典，这是改革开放成就的一次检阅。满怀喜悦和希望的人们，尽情地表达着他们的感情。

在游行队伍里，北京大学的一群学生，突然拉起了一条自制的横幅——"小平您好"。

这朴素、亲切的问候，表达了中国人民对邓小平发自内心的爱戴，表达了对他领导开创的改革开放伟大事业的支持和拥护。

国庆盛典结束不久，党的十二届三中全会召开。

全会通过了《中共中央关于经济体制改革的决定》，号召全党要加快以城市为重点的整个经济体制改革的步伐，改革的基本任务是建立起具有中国特色的、充满生机和活力的社会主义经济体制。

【刘国光　中国社会科学院原副院长】

《关于经济体制改革的决定》第一次指出来我国的社会主义经济是公有制基础上的、有计划的商品经济。这就突破了这个计划经济和商品经济的一个对立。所以说它是一个社会主义经济理论的一个重大的突破。邓小平很称赞这个决定，说啊，它有一些新话，讲了我们老祖宗没有说过的话，是"马克思主义普遍（基本）原理和中国社会主义实践相结合的政治经济学"。

这是一个推进经济体制全面改革的纲领性文件。自此，经济体制改革的重点由农村转向城市。

价格改革是经济体制改革的晴雨表。1985 年 4 月 13 日和 5 月 10 日，上海、北京分别放开鲜活商品、生猪、蔬菜等副食品价格。一夕之间，千家万户的人们，从手中的菜篮子感受到改革带来的震动。

经过价格改革和计划、商业等配套改革，市场体系开始形成。国家对经济的计划管理权限逐步下放，国家指令性计划逐步缩小，宏观调控的范围和方式不断调整。在这片不同于传统计划经济的新天地里，各种经营形式活跃起来。

马胜利就在此时脱颖而出。1984 年，上级给石家庄造纸厂下达 17 万元利润指标，没人敢包。当年，业务科长出身的马胜利毛遂自荐，立下年缴 70 万元的"决心书"，大胆承包了连年亏损的石家庄造纸厂。

【马胜利　原石家庄造纸厂厂长】

第一年，到了年底我就完成了 140 万，承包了 70 万，完成了 140 万。第二年的话，140 万，我一下子又完成了 280 万。

马胜利创造了奇迹，人称"马承包"。尽管后来他和他的企业遭遇了曲折，但他作为改革先行者，鼓舞了很多人。

【1986 年 8 月 3 日中央电视台《新闻联播》同期声】

今天上午，沈阳市政府召开新闻发布会，宣告沈阳市防爆器械厂从今天起破产倒闭。

1985 年，沈阳市出台《关于城镇集体所有制工业企业破产倒闭处理试行规定》，这是我国第一部关于企业破产的法规。

1986 年 8 月 3 日，沈阳市防爆器械厂宣告破产，这是新中国成立后第一家正式宣布破产的公有制企业。

这年年底，《企业破产法（试行）》开始实施。

随着企业承包经营责任制全面推广和改革的深入，国营企业向自主经营实体迈出了一大步。

上海电声总厂厂长秦其斌，在无意中闯进了一片比企业承包更神秘的领地。

1984 年 11 月，他们厂为扩大生产，成立上海飞乐音响公司，试行股份制。

【秦其斌　飞乐音响股份有限公司原董事长】

当时我的理解比较简单，股份制就是大家出钱，不过这个大家包括社会法人、国家、包括个人，大家出钱，搞一件事、搞一个企业。它涉及产权的问题，涉及经济改革的深层次的问题，这是我没想到的。

股份制试点，就在大多数人没有认清它的意义的时候启动了。1986 年 9 月 26 日，上海开始正式挂牌买卖股票。

1986 年 12 月 5 日，国务院作出《关于深化企业改革增强企业活力的若干规定》，明确提出全民所有制大中型企业要实行多种形式的经营责任制。各地可以选择少数有条件的全民所有制大中型企业进行股份制试点。

1986 年 11 月 14 日，邓小平会见了纽约证券交易所董事长范尔霖。范尔霖给邓小平带来了两件特殊的礼物：纽约证券交易所的股票和证章。因为股票、证券作为资本主义的象征长期在中国受到批判，这位美国人多少有点忐忑。出人意料的是，邓小平不仅收下了范尔霖的礼物，还回赠了他一件更有意义的礼物：新中国刚刚上市的第一种股票——飞乐音响股票。邓小平告诉范尔霖，他目前是飞乐公司唯一的外国股东。

中国改革开放的总设计师用这样一个举动向世界宣布：股票市场并非资本主义所专有，社会主义国家同样可以利用这一有效方式发展自己的经济。

1986 年春，唐修国和几个伙伴，从湖南涟源一个大型军工企业辞职"下海"。这在当地引发了一场不大不小的"地震"。

【唐修国　三一集团有限公司总裁】

我们这些人下海不免引来了很多的猜忌，大概觉得是不是这些人犯了错误或者是混不下去，实际上我们不是。因为中国与其说缺技术，更重要的是缺管理。技术要得到很好的发挥也要依靠管理。在这么一个情况下，我们也是抱着一种信念辞职下海。

创业之路比他们想象得要艰难得多。

1988 年 4 月，七届全国人大一次会议通过《宪法》修正案，承认了私营企业的法律地位。这给了他们新的动力、新的梦想。

他们成功了。现在的三一集团有限公司，是资产 150 多亿的全球最大混凝土机械制造商。

1984 年 10 月 12 日，中国和德国合资的上海大众汽车有限公司奠基。

从 1986 年到 1991 年，全国累计实际使用外资 190 亿美元。

随着经济体制改革逐步深入，其他方面的改革和建设在20 世纪 80 年代中期也全面展开。1985 年 3 月，中央召开了全国科学技术工作会议，作出了《关于科学技术体制改革的决定》，主要内容是把科研机构转变为独立的研究开发实体，促进技术成果商品化；强调要尊重科学技术发展规律，从我国的实际出发，对科技体制进行坚决的有步骤的改革。

北京大学的王选抓住了机遇。他主持研发成功汉字激光照排技术后，没有驻守实验室。1988年，他携技术加盟北京大学新技术公司，这是方正集团的前身。

激光照排技术取得了巨大的市场效益，引发了"告别铅与火、迎来光与电"的技术革命。王选被尊为"当代毕昇"。方正集团也成为中国高科技企业一面旗帜。

王选在商海弄潮，王大珩、王淦昌、杨嘉墀、陈芳允四位科学家在新科技浪潮中逐浪。

1986年3月3日，他们给邓小平写信，建议积极跟踪国际先进水平，在国际高技术领域占有一席之地。

3月5日，邓小平明确批示：这个建议十分重要，宜速作决断，不可拖延！

正因为意识到科技是当今时代经济社会发展的决定性力量，邓小平提出了"科学技术是第一生产力"的著名论断。他还说，改革经济体制、改革科技体制我最关心的是人才，要尊重知识，尊重人才。

【1988年邓小平视察北京正负电子对撞机同期声】

过去也好，今天也好，将来也好，中国这么一个国家，必须在高科技领域里边有一席之地。

1986年11月，中共中央、国务院批准《高技术研究发展计划纲要》。后来，人们按提议的时间把它称为"八六三"计划。

【万钢 全国政协副主席、科技部部长】

"八六三"计划，选择了生物、航天、信息、激光、自动化、能源和新材料等七大高技术领域，作为我国高技术研究发展的重点，取得了丰硕的成果，积累了高科技发展和产业化的经验，培养了人才和队伍，它是中国以主动姿态迎接新技术革命，发展高科技，走跨越式发展道路的里程碑。

经济和科技发展需要人才，人才培养离不开教育。

1983年，邓小平为北京景山学校题词：教育要面向现代化，面向世界，面向未来。

【1985年5月，邓小平在全国教育工作会议上讲话同期声】

一个十亿人口的大国，教育搞上去了，人才资源的巨大优势是任何国家比不了的。各级领导要像抓经济工作那样抓好教育。

5月27日，中共中央发出《关于教育体制改革的决定》，教育体制改革全面启动。1986年，新中国第一部教育法律——《义务教育法》颁布实施，国家开始有计划地普及九年义务教育。随着教育结构的调整、教育内容和方法的改革，适应现代化建设需要的各类人才不断涌现出来。

全面推进改革开放，必须有制度和法制的保证。

1982 年 12 月，五届全国人大第五次会议通过并公布实施了现行宪法。这部宪法，经过几次必要的修正，在国家经济、政治、文化和社会生活中发挥了极其重要的作用，成为我国新时期治国安邦的总章程。

【王汉斌　全国人大常委会原副委员长】

修改《宪法》，制定《民法通则》、《民族区域自治法》、《行政诉讼法》等重要法律，全民所有制工业企业法、破产法等经济法律体系形成，有力地促进了我国社会主义民主法制建设的进程。

随着改革开放的推进，农村走向富裕，城市经济活跃，人们的精神文化生活日益丰富，但也出现了一些丑恶现象，加强精神文明建设极为迫切。

面对新形势，邓小平一再提醒全党，在抓物质文明建设的同时，决不能忽视社会主义精神文明建设。

1986 年 9 月，党的十二届六中全会专门研究精神文明建设，并通过了《中共中央关于社会主义精神文明建设指导方针的决议》，提出社会主义精神文明建设的指导方针和根本任务，强调培育有理想、有道德、有文化、有纪律的社会主义公民。

【王世明　中央文明办专职副主任】

我们党把精神文明建设摆到关系社会主义事业兴衰成败和中华民族伟大复兴的高度来认识。强调物质文明和精神文明两手抓、两手都要硬。只有两个文明都搞好，才是有中国特色的社会主义。

越是改革开放，越要加强党的自身建设。从 1983 年下半年开始，到 1987 年，全党分期分批进行了一次全面整党，在思想、作风、组织、纪律等方面都有了进步，为新形势下党的建设积累了经验。

随着改革开放的推进，祖国统一大业也取得了重大进展。1979 年元旦，全国人大常委会发表《告台湾同胞书》，呼吁海峡两岸共同推进祖国统一大业。1981 年，全国人大常委会委员长叶剑英发表谈话，提出两岸和平统一的九条方针。

20 世纪 80 年代初，邓小平明确提出了"一国两制"构想。1983 年 6 月，他系统地阐述了用"一国两制"解决台湾问题的六条方针。

祖国大陆向台湾同胞打开了两岸交流的大门。1987 年 11 月，台湾当局开放台湾民众赴大陆探亲。长达 38 年的两岸隔绝状态打破了。

1979 年 3 月 29 日，邓小平会见香港总督麦理浩时，提出了解决香港问题的新思路。他说，在本世纪和下世纪初相当长的时期内，香港还可以搞它的资本主义，我们搞我们的社会主义。

1982 年 9 月，邓小平会见来访的英国首相撒切尔夫人，阐明了用"一国两制"方针解决香港问题的伟大构想。

1983 年 7 月，中英双方开始香港问题的谈判。经过 1 年多近 22 轮艰苦谈判，终于就香港问题达成协议。

1984 年 12 月 19 日，中英关于香港问题的联合声明在人民大会堂正式签署。香港将于 1997 年 7 月 1 日回归祖国。

【鲁平　国务院港澳办原主任】

解决香港问题，主要是我们的国家强大了，我们的经济实力增强了，我们的社会稳定了。同时呢，我们国际上的影响也提高了。

1987 年 4 月 13 日，中国又与葡萄牙正式签署关于澳门问题的联合声明。离开祖国母亲怀抱 400 多年的澳门，将于 1999 年 12 月 20 日回归祖国！

此时，中国的外交战略大棋局也在进行着调整。邓小平作出新的判断，认为世界大战一时打不起来，中国可以争取和平的国际环境搞建设。

1985 年 3 月 4 日，邓小平会见日本访华团，对国际形势作出新的明确判断。他说：世界上真正大的问题，带全球性的战略问题，一个是和平问题，一个是经济问题或者说发展问题。和平问题是东西问题，发展问题是南北问题。

随后，邓小平根据世界局势的发展，提出了和平与发展是当今世界两大主题的科学论断。根据这个论断，我国进一步发展和完善了独立自主的和平外交政策。

根据对国际形势的最新判断，1985 年 5 月 23 日至 6 月 6 日，中央军委在北京召开扩大会议，决定新时期军队建设指导思想，要从立足于早打、大打、打核战争的临战准备状态，转变到和平时期建设的轨道上来。邓小平在会议上宣布：中国人民解放军减少员额 100 万。

从 1985 年到 1990 年，人民解放军实际裁减员额 103.9 万人。

根据邓小平提出的建设强大的革命化现代化正规化军队的总目标，以现代化为中心的国防和军队建设迈出重大步伐。

组建集团军，新组建陆军航空兵、电子对抗等部队。国防大学等一批军事院校相继成立和恢复，组建中国人民武装警察部队，实行民兵和预备役相结合的后备力量制度。1988 年，人民解放军实行新的军衔制，建立文职干部制度。一批新型武器装备部队，大大提高了军队装备的现代化水平。

【刘源　军事科学院政委】

20 世纪 80 年代的军队体制改革，使人民解放军在精兵、合成、高效方面前进了一大步，增强了在现代化条件下的作战能力。

全面改革为经济和社会发展提供了强大动力。1984 年到 1988 年，我国经济经历了一个加速发展的飞跃时期，国民生产总值翻了一番，从 7171 亿元增加到 14928 亿元。国民经济整体跨上了一个大台阶。

过去凭票证供应的商品都敞开供应，电视机等家电开始进入普通百姓家庭。宝山钢铁厂、扬子 30 万吨乙烯等重点工程纷纷投产，增强了国民经济发展后劲。中国开始摆脱贫困状况，进入中等偏下收入的发展中国家行列。

随着改革开放的深入，邓小平对中国发展战略的思考也在不断延伸，趋于成熟。

1987 年 4 月 30 日，邓小平会见西班牙客人时，系统完整地提出了"三步走"发展战略。

【魏礼群　国家行政学院党委书记、常务副院长】

邓小平为我们国家设计了分三步走、基本实现现代化的宏伟蓝图。第一步从 1981 年到 1990 年，国民生产总值翻一番，解决人民的温饱问题。第二步从 1991 年到 20 世纪末，国民生产总值再翻一番，人民生活达到小康水平。第三步到本世纪中叶，人均国民生产总值达到中等发达国家水平，人民生活比较富裕，基本实现现代化。

改革开放的中国，创造着经济快速发展的奇迹，对自己的国情也有着极其清醒的认识。

1987年10月，党的十三大召开。这次大会第一次比较系统地论述了社会主义初级阶段的理论，认为我们将长期处于社会主义初级阶段，党在这个阶段的基本路线是以经济建设为中心，坚持四项基本原则，坚持改革开放。

大会根据中国国情和邓小平的设计，正式制定了20世纪后20年和21世纪前50年分三步走，基本实现现代化的战略目标。

这表明，中国共产党对中国的国情认识更加深刻了，对中国特色社会主义道路更加明确了，对实现社会主义现代化的决心更加坚定了。

党的十三大以后，改革开放的步伐进一步加快。但是，改革中积累的矛盾冲突也日益突出。

1988年，由于经济过热，通货膨胀加剧，市场秩序混乱，抢购风蔓延全国，引起群众的不满。

与此同时，随着西方敌对势力趁机加紧渗透，国内资产阶级自由化思潮开始泛滥。

面对这种情况，邓小平告诫全党：中国的问题，压倒一切的是需要稳定。没有稳定的环境，什么都搞不成。

在国际大气候和国内小气候的影响下，1989 年春夏之交北京发生了政治风波。

党和政府依靠人民，旗帜鲜明地反对动乱，平息了这场危及党和国家命运的政治风波。

1989 年 6 月 9 日，邓小平接见首都戒严部队军以上干部并发表重要讲话，指出：以后我们怎么办？我说，我们原来制定的基本路线、方针、政策，照样干下去，坚定不移地干下去。

这一讲话，在关键时刻坚定了全国人民进一步推进改革开放和现代化建设的信心和决心。我们党在惊涛骇浪中继续坚持了中国特色社会主义的正确航向。

3 个月后，邓小平向中央正式提出辞去中央军委主席职务的请求。之后召开的党的十三届五中全会批准了邓小平的请求，高度评价了邓小平对党和国家建立的卓著功勋，强调他是我国改革开放和现代化建设的"当之无愧的总设计师"。

1989 年到 1991 年，中国的改革开放在治理整顿中稳步向前推进。这期间，国际形势发生了急剧变化。东欧剧变，苏联解体，国际社会主义事业出现低潮。

冷战结束后，世界政治力量重新分化改组，在新的世界格局中，中国怎样才能赢得发展的机遇和战略主动？

世界局势的剧烈变动给中华民族的复兴之路蒙上了一层浓重的阴影。

命运攸关的时刻到了，历史的脚步显得格外沉重。

1992 年年初，邓小平来到了南方，并发表了重要谈话："不要惊慌失措，不要认为马克思主义就消失了，没用了，失败了。哪有这回事！"

【邓小平南方谈话同期声】

中国这时候只要不搞社会主义，不搞改革开放，发展经济，不逐步改善人民生活，任何一条路都是死路。动摇不得。

邓小平还说道："要抓住机会，现在就是好机会。我就担心丧失机会。不抓呀，看到的机会就丢掉了，时间一晃就过去了。"

【郑必坚　中央党校原常务副校长】

他是非常明确指出了计划多一点，还是市场多一点，不是社会主义和资本主义的本质区别。他还说资本主义也有计划，社会主义也有市场，计划和市场都是经济手段，这样他就打破了一个长期束缚我们的可以说是传统观念。

从武昌到深圳，到珠海，到上海，在长达一个多月的时间里，88 岁的邓小平用朴实的语言提出并阐发了一系列全新的思想。这些谈话科学总结了改革开放以来党的基本实践和基本经验，从理论上深刻回答了长期困扰和束缚人们思想的许多重大认识问题。

【冷溶 中央文献研究室主任】

邓小平理论是在改革开放的实践中形成发展起来的。1992年他视察南方，发表了南方谈话，可以看做是邓小平理论的集大成之作。

党中央迅速将邓小平南方谈话传达到全党，邓小平南方谈话对整个社会主义现代化建设事业产生了重大而深远的影响。

1992年3月26日，《深圳特区报》刊发《东方风来满眼春》，很快，全国各大报在头版头条转发，报道了邓小平视察南方并发表重要谈话。

【蒋开儒 歌曲《春天的故事》词作者】

《深圳特区报》发了一个长篇通讯，《东方风来满眼春》，我就想去看一看。一下火车我就傻了，我感觉深圳原来是一片水田，怎么眼前是一片摩天楼啊，我就以为又到香港了。当时我感觉到特别震撼。中国给世界交了一个漂亮的答卷，这就叫社会主义的春天。我原来就想到深圳看看就往回走了，这回来了就不想走了，我想写歌，写一首《春天的故事》。

1992年又是一个春天，

有一位老人在中国的南海边写下诗篇，

天地间荡起滚滚春潮，

征途上扬起浩浩风帆。

…………

　　这首由蒋开儒作词、王佑贵作曲的歌曲《春天的故事》，唱出了中国老百姓的心声，唱出了中国改革开放的时代精神。

破浪前行

Polang Qianxing

1991 年 5 月，中共中央总书记江泽民访问苏联时，特地来到了"十月革命的摇篮"——列宁格勒。在一位海军中将的陪同下，他登上"阿芙乐尔"号巡洋舰。1917 年 11 月 7 日，"阿芙乐尔"舰的一声炮响，唤醒了全世界亿万劳动群众，社会主义运动进入高潮。

当时，世界社会主义运动却正经历着前所未有的挫折和考验。几个月后，苏联解体，世界上诞生的第一个社会主义国家不复存在。

而在中国，以江泽民同志为核心的党的第三代中央领导集体，受命于危难之际，稳掌航船，破浪前行，把一个繁荣昌盛的国家带入了二十一世纪，使社会主义中国展现出光明的前途。

世纪之交，回顾这段历程，江泽民用七个字概括了自己的感受——"事非经过不知难"!

1989 年 6 月，党的十三届四中全会在北京举行。全会选举江泽民为中共中央总书记，并对中央领导层进行了人事调整。党的第三代中央领导集体开始登上中国的政治舞台。

【江泽民在党的十三届四中全会上的同期声】

这次中央领导机构作了一些人事的调整，但是，党的十一届三中全会以来的路线和基本政策没有变，必须继续贯彻执行。在这个最基本的问题上，我要十分明确地讲两句话：一句是坚定不移，毫不动摇；一句是全面执行，一以贯之。

中央的态度十分明确，但局势却不容乐观。

国内的政治风波平息了，对立势力仍在伺机而动，对国家的安全和稳定造成了严重的威胁。一些人的理想、信念受到了冲击，人心需要重新凝聚。

与此同时，西方国家试图使中国改变社会主义制度，在政治上施压，在经济上搞所谓"制裁"，在思想文化上加紧渗透。

面对复杂的局势，中央领导集体根据邓小平的建议，冷静观察，沉着应付。江泽民引用毛泽东的一句诗来表达此时的心情："雄关漫道真如铁，而今迈步从头越。"

上任一个月后，江泽民意味深长地说，中南海周围有堵红色的墙，但无论如何不要让这堵红墙把我们同广大群众隔绝。

江泽民先后到延安、遵义、井冈山参观考察，到焦裕禄纪念馆、雷锋纪念馆和铁人王进喜的家乡参观考察。他反复强调，要发扬中国革命和建设的优良传统和作风。

铭记党的优良传统，为的是从头迈步，跨越新的雄关。

江泽民高度重视民族工作，提出一系列加强民族工作的重要思想。上任之初，江泽民同志就深入少数民族地区考察工作。1990 年 7 月，江泽民到西藏自治区考察；8 月，到新疆维吾尔自治区考察；9 月，到内蒙古自治区考察。在考察中，他强调要全面贯彻党的民族政策，加强民族团结，加快发展少数民族和民族地区的经济文化等各项事业，促进各民族共同繁荣与发展。

中共中央先后通过《关于近期做几件群众关心的事的决定》、《关于加强党的建设的通知》等一系列文件，进一步密切与人民群众的联系，不断加强和完善人民代表大会制度、中国共产党领导的多党合作和政治协商制度、民族区域自治制度、基层群众自治制度等基本政治制度。加强党的建设，加大反腐倡廉力度，集中力量查办一批大案要案，狠刹不正之风，党的作风、党的形象进一步好转。

与此同时，党中央把国民经济治理整顿工作重新提上日程，很快就取得明显成效。人民群众关心的通货膨胀得到有效控制，流通领域的混乱现象得到初步整顿。

1989 年，国家开始实施"菜篮子工程"，建立中央和地方的肉、蛋、奶、水产和蔬菜生产基地。老百姓的"菜篮子"成了各级政府关注的焦点之一。

国家增加农业投入，调整种植结构，农民的生产积极性被调动了起来。1989 年年底，中国粮食生产超过 8000 亿斤，农业生产扭转了此前的徘徊局面。

【郑科扬　中央政策研究室原副主任】

在这个重要历史关头，党中央采取一系列有力措施，有效地凝聚了民心，有力地稳定了局面，在惊涛骇浪中团结带领各族人民，坚持了中国特色社会主义事业的正确方向。

改革开放的脚步在治理整顿中继续迈进。

1990 年 4 月 18 日，中央宣布同意上海市加快浦东地区的开发，在浦东实行经济技术开发区和某些经济特区的政策。

上海，这艘曾领航中国经济的旗舰，让全世界听到了它起锚远航的信息。

浦东开发开放短短 5 年后，上海的国内生产总值就翻了一番，等于再造了一个上海。

今天的浦东，已经成为举世瞩目的金融、商贸和高科技园区，被誉为中国改革开放的象征。

1990 年 10 月，郑州粮食批发市场成立。1993 年 5 月，郑州商品交易所挂牌成立，在全国率先推出农产品期货交易，中国期货市场开始试点。

1990 年 12 月 19 日，上海证券交易所在浦江饭店举行了开业典礼。这是改革开放以来大陆第一家证券交易所。半年后，深圳证券交易所也正式开业。中国资本市场开始形成。

在国内改革开放持续推进的同时，国际环境也在悄然发生着变化。

1990 年 9 月，中国成功地举办了第十一届亚洲运动会。在这次体育盛会上，中国体育健儿夺取了 183 枚金牌，高居各参赛代表团之首。

亚运会结束后，西方国家发现，拒绝同中国合作，将失去巨大的商机，最终伤害的是自己的利益，于是纷纷开始取消所谓的对华"制裁"。

到 1992 年，中国已同 154 个国家建立了外交关系，同 200 多个国家和地区发展了贸易、科技、文化交流与合作，中国重新赢得了改革开放的有利环境和机遇。

1992 年，改革开放走到了一个新的起点。

这年年初，邓小平视察南方并发表重要谈话，澄清了长期困扰人们的一些重大认识问题。中央决定抓住机遇，加快改革开放的步伐。

这年 6 月，长江沿岸的 10 个中心城市全部对外开放。此后，其他 17 个内陆省会城市以及一些内陆边境城市也相继对外开放。中国由此形成了沿海、沿江、沿边多层次、全方位、宽领域的开放大格局。

正是在 1992 年，中国的改革开放酝酿着重大突破。

这年 6 月 9 日，江泽民在中共中央党校省部级干部进修班上作报告。在讲到经济体制改革的目标问题时，江泽民说，"我个人的看法，比较倾向于使用'社会主义市场经济体制'这个提法"。

全场响起的热烈掌声表明，"建立社会主义市场经济体制"，开始在全党形成共识。

1992 年 10 月，中国共产党迎来了第十四次全国代表大会。这次大会强调要抓住机遇，加快发展，郑重地把邓小平建设有中国特色社会主义理论确立为全党各项工作的根本指导方针。

在这次大会上，中国经济体制改革的目标得到郑重确认。

【江泽民讲话同期声】

我国经济体制改革确定什么样的目标模式，是关系整个社会主义现代化建设全局的一个重大问题，这个问题的核心，是正确地认识和处理计划与市场的关系。实践的发展和认识的深化，要求我们明确提出我国经济体制改革的目标是建立社会主义市场经济体制，以利于进一步地解放和发展生产力。

把社会主义基本制度和市场经济结合起来，是中国共产党的一个伟大创举。"社会主义市场经济"，这个人类历史上从未有过的崭新词汇，记录了中国十多年艰难执著的探索，凝结了中国共产党人的特殊智慧，体现了中国改革开放向前迈进的历史逻辑。

但也有人对社会主义基本制度和市场经济能否结合在一起表示怀疑。

1994年12月，江泽民在天津考察工作时强调指出：我们搞的是社会主义市场经济，"社会主义"这几个字是不能没有的，这并非多余，并非"画蛇添足"，而恰恰相反，这是"画龙点睛"，所谓"点睛"，就是点明我们市场经济的性质。我们的创造性和特色也就体现在这里。

【刘国光　中国社会科学院原副院长】

过去认为市场经济只是私有制才能够有的一种经济体制，那么社会主义是公有制的经济制度，怎么能够有市场经济呢？我们公有制本身经过了改革改造，企业有了自主权，可以自负盈亏，它就有可能跟市场经济结合，这样一种结合呢，可以使得经济搞活，可以使得经济效率大大提高。

经过多年的研究，1993年11月，党的十四届三中全会通过了《中共中央关于建立社会主义市场经济体制若干问题的决定》，构筑起了社会主义市场经济体制的基本框架，成为中国建立社会主义市场经济体制的总体规划和行动纲领。

【刘世锦　国务院发展研究中心副主任】

《决定》进一步回答了什么是社会主义市场经济体制这样一个问题，这就是要以公有制为主体、多种经济成分共同发展作为前提，由现代企业制度、宏观调控体系、市场体系、分配制度和社会保障这五个部分组成。

构建社会主义市场经济体制是一项系统性工程，需要诸领域内的改革相互配合，形成合力。

1994 年，中共中央、国务院推出了一系列改革措施，经济体制改革在各方面深入推进。这一年出台的改革举措之多，力度之大，为改革开放以来所少见，人们称这一年是"推进建立社会主义市场经济体制改革的关键一年"。

适应建立统一、开放的全国市场体系的需要，中国的政府机构也在不断发生着深刻的变化。一些部门逐渐淡出人们的视野，消失在改革的大潮中。几许悲壮，几许苍凉，却是历史的进步。

1993 年的分税制改革，极大地增强了地方的灵活性、积极性，同时也使中央财政有了切实保障。国家财力空前增强，中央宏观调控和地方发展经济的能力得到提高，有力地支持了科技、教育、卫生、国防和军队建设。

国有企业是领航中国经济的旗舰。搞好国有企业的改革和发展是建立社会主义市场经济体制的关键。

1993 年，中央提出按照"产权清晰、权责明确、政企分开、管理科学"的原则建立现代企业制度。当年 12 月，全国人大常委会通过《公司法》，为国有企业公司化改组、建立现代企业制度，提供了法律依据。从 1994 年开始，全国确定100 家试点企业按照《公司法》进行制度创新。

1995 年，建立现代企业制度的试点工作全面铺开。

这一年，江泽民去的最多的地方就是国有大中型企业。长春第一汽车制造厂被称为新中国国有企业的长子，也是江泽民曾经工作过的地方。在这里，江泽民仔细了解企业改革的情况和困难，鼓励工人们团结一致，同舟共济，打好国企改革攻坚战。

【洪虎 时任国家体改委副主任】

在调研中给我印象最深刻的是江泽民总书记反复地强调，国有企业改革坚持建立现代企业制度的方向不能动摇，就是要使企业能够做到自主经营、自负盈亏、自我发展、自我约束。

我们的国有企业，曾经支撑起整个国家的经济大厦。国有企业的职工们为新中国的发展作出了巨大贡献。

然而，在经济体制转型过程中，"下岗"、"再就业"这些给他们带来人生转型的词汇，开始频繁地出现。

党和政府大力推进再就业工程，大批下岗职工通过自主创业，开始续写人生的辉煌。同时，不断改革和完善养老保险、失业保险、医疗保险制度，出台城市居民最低生活保障制度，使下岗职工的生活有了基本保障。

在深化国企改革中，宝钢、长虹等一批大型国有企业建立起现代企业制度，在激烈的市场竞争中成长为实力雄厚的企业集团。

非公有制经济是我国社会主义市场经济的重要组成部分。在推进国企改革同时，非公有制经济也蓬勃发展起来。

随着经济体制改革如火如荼地展开，经济领域出现了一些新问题。由于旧的调控机制逐渐失效，新的宏观调控机制尚未完善，全国出现了经济过热的现象，不少地方盲目扩张投资、竞相攀比速度，影响了国民经济的健康发展。

为此，党中央果断作出了加强宏观调控的决策。

1993 年，江泽民先后在西安、大连、广州等地主持召开部分地区经济工作座谈会，要求抓住有利时机，运用经济手段、法律手段，辅之以必要的行政手段，加强宏观调控，对经济运行进行有效的驾驭，努力保持国民经济的持续、快速、健康发展。

这年 6 月 24 日，《中共中央、国务院关于当前经济情况和

加强宏观调控的意见》以中央 6 号文件正式下发，文件以整顿
金融秩序为重点，提出了 16 条措施，这标志着社会主义市场
经济体制新形势下宏观调控全面展开。

在宏观调控实施后不久，1994 年年初，中央提出"抓住
机遇、深化改革、扩大开放、促进发展、保持稳定"的方针。
1995 年 9 月，江泽民就社会主义现代化建设中十二个方面的
重大关系进行了深刻阐述，提出要正确处理改革发展稳定的关
系，强调改革是动力，发展是目标，稳定是前提，体现了党的
第三代中央领导集体对经济社会发展规律的深刻认识。

经过三年努力，宏观调控取得显著成效。

从 1994 年开始，投资逐步回落，金融趋向稳定，股票和
房地产市场开始降温。

到 1996 年，通货膨胀率从最高时的 24% 降到了 8%，
与此同时，从 1993 年到 1996 年，国内生产总值年均增长
11.6%。

我国有效地控制了通货膨胀，经济增长仍然保持了较快速
度，成功实现了经济"软着陆"。这在新中国成立以来经济发
展史上是没有过的，在国际上也不多见。

就在中国经济实现"软着陆"的时候，1996 年 2 月 8 日，
中央领导集体在中南海怀仁堂听取了有关法律知识的讲座。从
1994 年 12 月开始，有关法律知识的讲座，在中南海已经进行

了三次。

讲座结束后，江泽民指出：世界经济的实践证明，一个比较成熟的市场经济，必然要求并具有比较完备的法制。依法治国是社会进步、社会文明的一个重要标志，是我们建设社会主义现代化国家的必然要求。

党的十五大进一步把依法治国提到党领导人民治理国家的基本方略的高度，提出建设社会主义法治国家。两年后，九届全国人大二次会议将依法治国、建设社会主义法治国家载入宪法。这是中国特色社会主义民主政治发展的一个非常重要的成果，标志着我们国家的社会主义民主和法制建设进入了一个新的阶段，也表明了中国共产党依法执政达到了一个新的水平。

法制是民主的保障。在法制的天空下，人民民主的创新实践有力地推动着中国的民主政治建设。

【同期声】

我希望村民看我宋德吉担任平安村主任还可以，就在投选中投我一票。

1997 年，吉林省梨树县成为境内外媒体关注的焦点。梨树县平安村的村民们可能没有想到，他们在村委会直接选举中创造的"海选"经验，会在全国推广，而"海选"也一度成为中国农村村民自治极有意义的象征。

一年以后，《中华人民共和国村民委员会组织法》修订后通过，《村委会组织法》结束长达 10 年的试行，村民自治驶上快车道。

与农村村委会直选和村民自治一样，城市社区居委会直选和社区自治，也成为中国基层民主建设一道令人瞩目的景观。

在完善社会主义民主法制建设的过程中，党中央正确处理改革、发展、稳定的关系，采取了严厉打击走私、打击经济领域的犯罪活动，军队、武警、政法机关不再经商办企业等一系列措施，有力地维护了社会主义市场经济的秩序。着力扫除黄赌毒等社会丑恶现象，依法打击各种刑事犯罪，严肃查处惩治公职人员腐败行为，中国社会在活力、发展与安全之间不断实现着新的均衡。

与此同时，中国与国际社会在人权领域的合作、对话与交流也获得空前的发展。

生存权和发展权是最基本、最重要的人权。不首先解决温饱问题，其他一切权利都难以实现。在中国的现代化进程中，党中央高度关注贫困问题，始终强调让全体人民共享改革发展的成果，以实现全民族共同富裕作为奋斗目标。

中国是一个人口众多的发展中大国，到 20 世纪 90 年代初，在自然环境特别恶劣的西北黄土高原、青藏高寒地带、西南喀斯特地区和半干旱、荒漠化地区，还有 18 个连片贫困地区。

1994 年春，全国扶贫开发工作会议举行，国务院印发《国家八七扶贫攻坚计划》，人类历史上最宏伟的消除贫困计划出台。中央决定在 20 世纪末最后 7 年内，基本解决全国 8000 万贫困人口的温饱问题。

此后，中央财政的大力支持，沿海发达地区的对口支援，全国人民的慷慨捐助，使一大批贫困地区迅速改变了落后面貌。

世界屋脊之上的西藏，是人类生存和发展最艰难的地方。如今，这里的面貌也正在发生着根本的改观。

1994 年，历时七年的布达拉宫维修工程全面竣工。

这年 7 月，中共中央、国务院发出了《关于加快西藏发展、维护社会稳定的意见》，确定了西藏经济和社会发展急需的 62 个建设项目。这些项目的陆续建成，极大地改善了西藏人民的生产和生活条件。

1996 年 9 月 1 日，对于生活在大别山区、井冈山等革命老区的人民而言，是一个难忘的日子，这条跨越九省市、全长 2300 多公里的京九铁路建成通车。

摊开中国地图，细心的人们会发现，这条交通大动脉设计得有些奇怪：在许多地段，它"不走平地爬大山，不走直径绕大弯"。

根据党中央、国务院的指示精神，京九铁路在选线时，充分考虑了一些革命老区和贫困地区的经济发展。在大别山区，修建了麻城至武汉的联络线，设了红安站。在江西，为了兼顾井冈山和瑞金两个老革命根据地的利益，铁路特地拐了个弯，两跨赣江。

到 2000 年，中国农村贫困人口由 1978 年的 2.5 亿人减少到 3000 万人，在 20 世纪末基本解决农村贫困人口温饱问题的战略目标基本实现。

在扶贫开发的征程中，以希望工程、春蕾计划、母亲工程、智力工程为代表的一大批社会公益事业蓬勃兴起，全社会积极参与，扶贫济困的意识深入人心。

今年 26 岁的苏明娟 2005 年在希望工程的资助下，圆满完成了大学学业。走上工作岗位后，她把自己的第一份工资全部捐献给了希望工程。

党的十四大提出必须把教育摆在优先发展的战略地位。1995 年开始实施"国家贫困地区义务教育工程"、"农村寄宿制学校建设工程"、"农村中小学现代远程教育工程"等一系列重大工程项目，到 2000 年，中国实现了"基本普及九年义务教育、基本扫除青壮年文盲"的目标。

随着改革开放和社会主义市场经济的发展，我国精神文明建设和文化建设不断迈出新的步伐。

1996 年 10 月，党的十四届六中全会专门讨论了加强精神文明建设的问题，审议并通过了《中共中央关于加强社会主义精神文明建设若干重要问题的决议》，进一步提出了新形势下精神文明建设的一系列指导方针和目标任务。次年 1 月，中央精神文明建设指导委员会成立。

按照江泽民提出的依法治国与以德治国相结合的战略方针，以科学的理论武装人、以正确的舆论引导人、以高尚的精神塑造人、以优秀的作品鼓舞人，人们精神面貌发生新的积极变化，为继续深化改革、加快发展，创造了良好氛围。

全国范围内开展了"社会服务承诺制"、"百城万店无假货"、"十星文明户"等群众性精神文明创建活动，涌现出一大批先进典型。通过"五个一"工程的实施，推出了一大批优秀作品。

张家港，江苏大地上的一座文明之城。这座城市创造了辉煌的发展成就——改革开放以来，张家港从贫穷落后的县变成闻名遐迩的两个文明一起上的全国先进典型。

1995 年 5 月 13 日，江泽民视察张家港时亲笔题词："团结拼搏、负重奋进、自加压力、敢于争先。"张家港精神在全国叫响，成为许多地方竞相学习的榜样。

正当全国人民为实现跨世纪的目标而奋力前进的时候，

1997 年 2 月 19 日，中国改革开放的总设计师邓小平永远地离开了我们，全国各族人民十分悲痛。联合国为这位老人降半旗志哀。百姓们自发前来送行，感谢他为国家和人民作出的卓越贡献。

世纪之交，中国能否继续沿着邓小平开辟的中国特色社会主义道路走下去，引起全世界的关注。

1997 年 9 月召开的党的十五大，旗帜鲜明地向全国人民、全世界作出了郑重回答。这次大会把邓小平理论同马克思列宁主义、毛泽东思想一道确立为中国共产党的指导思想，写在了我们前进的旗帜上面。

【江泽民党的十五大报告同期声】

大会的主题是：高举邓小平理论伟大旗帜，把建设有中国特色社会主义事业全面推向二十一世纪。

旗帜问题至关紧要。旗帜就是方向，旗帜就是形象。坚持十一届三中全会以来的路线不动摇，就是高举邓小平理论的旗帜不动摇。

坚持邓小平理论，在实践中继续丰富和创造性地发展这个理论，这是党中央领导集体和全党同志的庄严历史责任。

党的十五大提出了党在社会主义初级阶段的基本纲领，特别是确立了我国社会主义初级阶段的基本经济制度，即以公有制为主体、多种所有制经济共同发展，这是对中国特色社会主义道路的一个重大贡献。大会提出，要从战略上调整国有经济布局，公有制实现形式可以而且应该多样化。一切反映社会化大生产规律的经营方式和组织形式都可以大胆利用。这些理论上的突破和思想上的解放，为经济改革和社会发展理清了思路，指明了方向。

1997 年，中国发生的一幕历史性的瞬间，吸引了全世界的目光。

6 月 30 日晚 10 时，78 名中国人民解放军驻港部队官兵到达驻港英军总部威尔士亲王军营。

【同期声】

我代表中国人民解放军驻香港部队接管军营，你们可以下岗，我们上岗。祝你们一路平安。

"你们可以下岗"，六个字，简短、轻松、平和。但这凝聚的是几代中国人长达百年的艰辛和奋斗，表达的是改革开放以来中国的信心和力量。

1997 年 6 月 30 日午夜，中英两国举行香港政权交接仪式。

7 月 1 日，中华人民共和国香港特别行政区正式成立。

这一天，举世瞩目，永载史册。被外国殖民者占领长达100 多年的这颗东方明珠，终于回到了祖国怀抱，标志着中华民族洗雪了百年耻辱。

百年盛事，普天同庆。热血沸腾的中国人民，以欢歌笑语表达着自己欢乐、自豪、振奋的感情。

1999 年 12 月 19 日午夜，中葡两国举行澳门政权交接仪式。12 月 20 日，中华人民共和国澳门特别行政区正式成立，祖国统一大业又向前迈出了重要一步。

历史将永远铭记这一举世瞩目的重要时刻。

从这一刻起，中国国土上彻底结束了外国列强的占领。

香港、澳门顺利回归，是祖国统一大业进程中重要的里程碑，是中国共产党对于中华民族的历史性贡献。

【江泽民在中葡两国政府举行的澳门政权交接仪式上的讲话同期声】

中国政府按照邓小平提出的"一国两制"的伟大构想，成功地解决了香港、澳门问题，这是中国人民在完成祖国统一的大业中取得的重大进展。"一国两制"在香港、澳门的实践，已经并将继续为我们最终解决台湾问题发挥重要的示范作用。中国政府和人民有信心有能力早日解决台湾问题，实现中国的完全统一。

实现祖国完全统一，是中华民族的根本利益所在，是全体中华儿女的共同愿望。

1992 年，海峡两岸达成了各自以口头方式表述"海峡两岸均坚持一个中国原则"的共识。1993 年，海峡两岸关系协会会长汪道涵与台湾海峡交流基金会董事长辜振甫成功举行会谈。1995 年 1 月，中共中央总书记江泽民发表了推进祖国和平统一的八项主张。

改革开放的中国大陆加强了同台湾的经济交流与合作，两岸往来日渐频繁，民间交流不断扩大。

1997 年 11 月 8 日，中华民族在伟大复兴的道路上，再次刻下一个醒目的标志。

下午 3 时，随着最后一车石料倾入江心，世界上最大的水利枢纽工程——三峡工程胜利实现大江截流。

【三峡截流现场三峡开发总公司副总经理贺恭同期声】

向江总书记、李鹏总理报告：十五点三十分，四十米龙口，经过六个半小时的战斗，已经胜利完成预定计划！请中央领导向全中国全世界宣布！

经过孙中山、毛泽东、邓小平、江泽民几代人无数次的构想和设计，中国人开始触摸到"截断巫山云雨，高峡出平湖"这个百年梦想。

就在这个梦想即将变成现实的时候，与时代同行的中国共产党人开始放飞新的理想和憧憬，去迎接一个崭新世纪的来临。

江泽民在党的十五大报告中提出：展望下世纪，我们的目标是，第一个十年实现国民生产总值比 2000 年翻一番，使人民的小康生活更加宽裕，形成比较完善的社会主义市场经济体制；再经过十年的努力，到建党一百年时，使国民经济更加发展，各项制度更加完善；到世纪中叶建国一百年时，基本实现现代化，建成富强民主文明的社会主义国家。这就为中国的未来描绘出了新的美好蓝图，为我们继续推动中国特色社会主义事业发展指明了前进方向。

世纪扬帆

Shiji Yangfan

第七集

斗转星移，上个千年的最后一个夜晚，中华世纪坛激情燃烧，欢乐释放。首都各界2万多群众会聚在一起，举行千年庆典。江泽民等党和国家领导人来到这里，与首都各界群众一起迎接新千年的到来。

【江泽民讲话同期声】

一千年来，人类文明取得的一切成就，都是在推陈出新的社会变革和科技进步中实现的。

在新世纪里，中国人民将坚定不移地沿着建设有中国特色社会主义道路继续前进，中国的社会主义制度将经过不断改革而更加巩固和完善，中国的发展将通过各个地区的共同进步达到普遍繁荣，中华民族将在完成祖国统一和建立富强民主文明的社会主义现代化国家的基础上实现伟大的复兴！

人们永远不会忘记，中国是在首都北京被八国联军占领的奇耻大辱中进入二十世纪的。今天，中国人民以站起来的自尊和自豪，中华民族以改革开放带来的自信和自强，昂首阔步地跨入二十一世纪。

20世纪90年代初，一场代号"沙漠风暴"的军事行动在中东海湾地区展开。美国等西方国家依靠高科技的优势，迅速掌握了战场的主动权。

这场被称为"硅片对钢片"的战争完全超越了常规作战方式。它带给全世界的震动和冲击，可想而知。

江泽民看到海湾战争的资料后，夜不能寐，当即写信给其他中央领导同志说："鉴于当前世界发展的形势与我国经济建设的展望，深感科技工作亟须进一步抓起来。"

根据世界军事领域发生革命性变革的新形势，江泽民提出了新时期军事战略方针，强调立足于打赢现代技术特别是高技术条件下的局部战争。

全军贯彻江泽民提出的"政治合格、军事过硬、作风优良、纪律严明、保障有力"的军队建设总要求，实施科技强军战略，加强军队质量建设，由数量规模型向质量效能型、人力密集型向科技密集型转变，坚持走中国特色精兵之路。

从1997年开始，人民解放军进行以裁减员额50万为主要任务的体制编制调整和改革，继续向中国特色精兵之路迈进。

为了集中精力搞好军队的全面建设，江泽民多次强调，军队必须停止一切经商活动，应该"吃皇粮"。他指出，这是为保障经济健康发展，维护社会稳定和国家安全利益，加强党的建设、政权建设和军队建设而作出的一项重大决策。

1998年7月，中央决定军队和武警部队一律停止经商活动。这一重大决策公布后，立即在国内外引起了强烈反响，得到了全党、全军和全国人民的衷心拥护，对于保持我军的人民军队性质，巩固和加强军政军民团结、促进军队的党风廉政建设、保持国家长治久安，产生了深远影响。

现代科技发展，为中国实现跨世纪发展增添了新的活力。

在1995年5月召开的全国科技大会上，中央作出了把经济建设转移到依靠科技进步和提高劳动者素质的轨道上来、实施科教兴国战略的重大决策。

实施科教兴国战略的中国，已经不满足于单纯地学习、模仿、跟踪。创新是一个民族进步的灵魂，是一个国家兴旺发达的不竭动力，已成为人们的共识。

1999年8月，全国技术创新大会在北京召开。"加强技术创新，发展高科技，实现产业化"，被确立为中国科技跨世纪的战略目标。

2001年2月19日，首届国家最高科学技术奖颁奖典礼在人民大会堂隆重举行，这是以国家名义对为科学技术发展作出杰出贡献的科学家给予的最高荣誉。

1978年，中国科学家们曾在这里迎接科学的春天。20多年过去了，春华秋实，当一代科技精英的青丝变成白发时，祖国却在他们的创造性劳动中一天天变得年轻。

在2612位获奖者中，就有首届国家最高科学技术奖得主、中国工程院院士、湖南杂交水稻研究中心研究员袁隆平。

袁隆平带领他的中国科研队伍，开启了杂交水稻王国丰产增收的大门，赋予世界强大的战胜饥饿的力量。袁隆平在国际上被誉为"杂交水稻之父"，他培育的杂交水稻被世界称为"东方魔稻"。

1999年11月20日，被命名为"神舟"号的中国太空飞船成功完成了首次试飞。以此为标志，中国的科技创新不断攀登着新的高度。

蓦然回首，在二十世纪的最后几年，科技进步也给人们的生产、生活带来了前所未有的变化。手机、互联网、私家车开始改变着人们的生活。

就在我们享受科技进步和经济发展的成果时，也不得不面对与之俱来的问题和隐忧。人口膨胀，环境恶化，资源短缺，越来越制约着我们的发展，影响着我们的生活。

被马克思称为辩证法大师的黑格尔，有这样一句名言——当人类欢呼对自然的胜利之时，也就是自然对人类惩罚的开始。

对于自然，利用和保护，是一对尖锐矛盾。要化解这对矛盾，必须寻求发展的新思路。

1992 年 6 月，在巴西里约热内卢召开的联合国环境与发展大会发表了《21 世纪议程》，要求各国响应可持续发展问题。同年 7 月，中国政府开始构想自己的"21 世纪议程"，并于 1994 年发表《中国 21 世纪人口、环境与发展白皮书》，成为世界上第一个制定和实施国家级 21 世纪议程的国家。

在这个白皮书里，中国政府郑重地表示，中国将实施可持续发展战略，力求经济社会与人口、资源环境的协调发展。

1996 年 7 月 16 日，江泽民在第四次全国环境保护会议上提出，在社会主义现代化建设中，必须把贯彻实施可持续发展战略始终作为一件大事来抓。经济的发展，必须与人口、环境、资源统筹考虑，不仅要安排好当前的发展，还要为子孙后代着想，为未来的发展创造更好的条件。

可持续发展成为中国基本的发展战略之一。越来越多的自然保护区建立起来；越来越多的不合格工厂被关闭；越来越多的污染源得到治理。

也就是从那时起，人们的日常生活中多了一项新的内容：

今天空气质量等级为一级……

人们期望的，不仅仅是一个人与自然和谐的澄明天空。

居住在同一个地球上，人类的发展还需要人与人和谐相处的国际环境。

把一个什么样的世界带入 21 世纪？中国政府赠送给联合国的这尊象征昌盛、和平的"世纪宝鼎"，传达出改革开放的中国始终如一的努力和追求。

1997 年，党的十五大闭幕不久，江泽民踏上访问美国的旅程。这次访问是 12 年来中国国家元首第一次正式访美。

【江泽民在哈佛大学演讲同期声】

相互了解，是发展国与国之间关系的前提。唯有相互了解，才能增进信任，加强合作。

这次历史性的访问，中美双方发表的《联合声明》，确定中美两国将致力于建立面向 21 世纪的建设性战略伙伴关系，开创了大国外交的新局面，中国与主要大国的关系走向稳定。

根据世纪之交的世界形势，我国确立了外交工作的基本方针。我们不断发展和改善与各大国的关系，加强和深化与周边国家的睦邻友好合作，全面推进与发展中国家的团结友好合作关系，大力开展多边外交，开创了外交工作新局面。

为在新形势下进一步增进中非友好关系，加强中非之间的磋商与合作,2000 年 10 月, 在北京召开了"中非合作论坛——北京 2000 年部长级会议"。中非合作论坛的创立为中非进一步拓展面向 21 世纪全面友好合作关系注入了新的活力, 对中非政治、经贸和文化合作起到了巨大的促进作用。

多边外交和区域性合作成为越来越重要的国际舞台。从 1993 年到 2002 年, 江泽民先后 10 次出席亚太经济合作组织领导人非正式会议。

2001 年, 第九次亚太经合组织领导人非正式会议在上海隆重举行。

这次会议, 让亚太各经济体领导人体验了中国的传统与现代, 感受了中国的友谊与开放, 也展示了中国领导人的中国气派、世界眼光和开阔胸怀。

2001 年 2 月 27 日, 500 多位亚洲和关心亚洲事务的各界名人齐聚美丽的海南博鳌, 围绕亚洲的发展问题交换意见。"博鳌亚洲论坛", 这是第一个永久会址设在中国的国际性论坛。

这一年 6 月 15 日, 中国、俄罗斯、哈萨克斯坦、吉尔吉斯斯坦、塔吉克斯坦和乌兹别克斯坦六国元首在中国上海举行首次会晤, 并签署了《上海合作组织成立宣言》, 宣告上海合作组织正式成立。这是第一个以中国地名命名的重要国际组织。

随着外交新格局的迅速拓展，中国经济也加快了融入世界的步伐。

1997年12月24日，江泽民在接见全国外资工作会议代表时强调：我们不仅要积极吸引外国企业到中国投资办厂，也要积极引导和组织国内有实力的企业走出去，到国外去投资办厂，利用当地的市场和资源。这是一个大战略，既是我们对外开放的重要战略，也是经济发展的重要战略。

如果说，中国的开放是从"引进来"开始的，那么，到世纪之交，中国的开放则多了一层深刻的含义，那就是"走出去"。把"引进来"和"走出去"结合起来，中国对外开放水平由此迈上了新台阶。

2001年4月5日，美国南卡州坎姆顿市举行了一个隆重的命名仪式，为了感谢中国海尔集团给当地经济发展作出的贡献，当地政府决定将原来的"协作大道"命名为"海尔路"。这是美国第一条以中国企业品牌命名的道路。

【张瑞敏　海尔集团董事局主席、首席执行官】

我个人觉得从全球化的视角来看，全球的企业可以分成两大类：一类就是全球化的企业，它们是世界名牌；还有一类呢，只能是为它打工的企业。我认为我们要抓住加入WTO之后的机遇和平台，积极地冲到国际市场上去，成为全球化的企业。

就在这一年，中国人以自己的坚韧和努力，又迈出了走向世界的关键一步。

2001 年 11 月 10 日，世界贸易组织第四届部长级会议在卡塔尔首都多哈召开。会议开始仅仅 9 分钟后，卡迈勒主席便敲响了手中的木槌。大会以协商一致的方式，通过了《中国加入世界贸易组织议定书草案》和《关于中国加入世界贸易组织的决定草案》。

【石广生 原对外经济贸易合作部部长】

我们每一个承诺都是意味着我们的改革，你比如说我们加入以后，我们修改了三千多条法律法规，这是什么？意味着我们向市场经济又迈了一步，这实际上是改革，同时也涉及开放。所以我总想，没有中国的改革开放，就没有中国加入世贸组织，中国加入世贸组织确实是中国改革开放的必然。

【巴尔舍夫斯基 美国前贸易代表】

中国已经是 WTO 成员国中的重要一员，而我认为它所起的作用还会进一步扩大，成为对 WTO 来说更重要的国家。

伴随经济全球化而来的，不仅仅是机遇，还有风险和挑战。

1997 年夏，一场金融风暴袭向东南亚。

7 月 2 日，泰国政府在同国际投机资本苦斗了数月之后，终于宣布放弃盯住美元的联系汇率制度，泰铢应声而落，当日下跌约 20%，国际投机家眨眼之间从泰国卷走了 40 亿美元，国家金融体系遭受重创。

国际金融炒家们顺势向周边国家发起攻击。金融危机像飓风般横扫东南亚。印尼、菲律宾、缅甸、马来西亚、韩国的货币纷纷大幅贬值。工厂倒闭、银行破产，股市"跳水"，原来欣欣向荣的经济一夜步入萧条。一些国家的经济水平瞬间倒退了 10 年，甚至出现了政治和社会危机。

在巨大的压力面前，中国将如何应对？人民币是否贬值？这成为世界关注的焦点。

【戴相龙　时任中国人民银行行长】

这些国家的货币贬值了，那么人民币对美元、对它们这些货币顺理成章也是可以贬值的，但是如果贬值以后，会出现这些国家为了扩大出口，会进一步贬值，它们货币的贬值还会引起全球货币的贬值和全球金融的震荡。

1997 年 12 月，江泽民出席了在马来西亚举行的首次东盟与中、日、韩首脑非正式会晤和中国—东盟首脑非正式会晤。他代表中国政府庄严承诺：为了有利于尽快恢复地区金融秩序，中国不仅不会使人民币贬值，还将尽可能为东盟国家提供援助。

坚持人民币不贬值，我们的确付出了代价。1998 年我国外贸出口增幅由 1997 年的 20% 猛跌到 0.5%，利用外资也出现了负增长。

但中国赢得了世界的尊重。国际经济界和东南亚各国公认，中国在克服亚洲金融危机中发挥了定海神针的关键作用。

【蒂姆·莱特　英国舍菲尔德大学中国研究系教授】

我觉得在 1997 年的金融危机中，中国无疑起了非常重要的作用。由于中国所起的重要作用，中国在国际上赢得了许多支持与尊敬。

亚洲金融风暴的余波尚未平息，一场自然界的惊涛骇浪又向我们袭来。

1998 年夏，长江流域爆发了全流域性的特大洪水，东北的嫩江、松花江爆发了 300 年一遇的洪水。全国共有 29 个省市区遭受不同程度损失，受灾人口有 2 亿多人。南北方同时爆发洪水，持续时间之长，危害之严重，百年罕见。

在国家财产和人民生命安全受到洪水严重威胁的紧急关头，党中央果断决策，调兵遣将。30 万人民解放军和武警部队官兵奔赴抗洪一线，全国人民同心协力，整个中国动员起来了！

封堵九江决口、加固荆江大堤、会战武汉三镇，保卫大庆油田和东北重镇哈尔滨。

沧海横流，方显英雄本色。在这个波澜壮阔的夏天，中国军民万众一心，展开了一场顽强不屈、气吞山河的大决战。

在抗洪决战的关键时刻，江泽民冒着酷暑亲赴湖北长江抗洪抢险第一线，看望、慰问、鼓励奋战在抗洪第一线的广大军民，指导抗洪抢险斗争。

【江泽民站在九江大堤讲话同期声】

坚持！坚持！再坚持！我们就一定能取得最后的胜利！

举国奋起的抗洪之战，让全世界看到了中国人民的精神风貌，看到了中国政府应对风险和困难的执政能力，彰显了中国特色社会主义的巨大优越性。中国军民共同铸就的"抗洪精神"，丰富了中华民族伟大复兴的精神宝库。

滔天洪水中，滚滚巨浪中，狂风骤雨中，我们记住了这些最可爱的人，记住了这些最坚强的臂膀，也记住了这些让人热泪盈眶的瞬间。

世纪之交的中国，考验接踵而至。

1999 年 5 月 7 日午夜，以美国为首的北约悍然使用多枚导弹，袭击了中国驻南斯拉夫联盟共和国大使馆。中国的主权和安全受到严重挑衅。消息传来，引起中国人民的极大愤怒。

中国政府和中国领导人在第一时间发表严正声明，对美国为首的北约提出强烈抗议，要求公开正式向中国政府、中国人民和中国受害者家属道歉，严惩肇事者。

在中国政府和中国人民的强烈抗议和严正交涉下，美国政府最后不得不进行道歉，并对中国伤亡人员和财产损失进行了赔偿。

【王晨　国务院新闻办公室主任】

通过战胜自然风险、战胜政治风浪，我们中国人民的爱国热情空前高涨、民族自信心空前增强，那种中国人民在磨难和考验中凝聚起来的、迸发出来的民族精神，是一种伟大的精神力量。

1999 年 10 月 1 日，共和国迎来了 50 华诞。在举国欢庆的日子里，面对世纪末的一系列挑战和考验，中国人进行了深刻而清醒的思考。

在世界政治多极化趋势和经济全球化进程中，要想屹立于世界民族之林，必须首先把自己的事情办好，必须把发展作为第一要务。

西部，一片古老而神奇的土地。

这里曾是中华民族文明的摇篮之地，创造过无数的辉煌。后来，由于自然、历史、社会等方面的原因，西部的发展落后了。

随着东部日益发展，我们越来越不能回避东西部差距有扩大趋势这个严峻的现实。

1999 年，在演绎过许多历史兴衰的古都西安，一个关系中国发展大局的战略拉开了序幕。

6 月 17 日，江泽民在西安主持西北地区国有企业改革和发展座谈会时说，加快中西部地区发展步伐的条件已经基本具备，时机已经成熟。我们如果看不到这些条件，不抓住这个时机，不把该做的事情努力做好，就会犯历史性错误。实施西部地区大开发，是全国发展的一个大战略、大思路。

【曾培炎 中央政治局原委员、国务院原副总理】

1999 年 3 月份，江泽民同志提出了西部大开发的战略，之所以那个时候提出西部大开发，主要基于这么几个考虑：20 世纪末，我们国家全国人民的生活基本上实现了小康，但是这种发展不平衡，西部地区发展显得迟缓，但是西部地区是我们少数民族聚居的地区，而且大部分的贫困县和贫困人口也集中居住在这个地方。

2001 年 6 月 29 日，格尔木南山口车站和海拔 3600 多米的拉萨河畔柳吾隧道工地，同时举行了盛大的青藏铁路开工典礼。一条传说中的"天路"，即将横跨世界屋脊。

西部大开发和青藏铁路的开工，使古老神奇的青藏高原迎来了一个崭新的历史机遇。

西气东输，这条西起新疆，东到上海，绵延 4000 公里的巨大天然气管道，生动地诠释了西部大开发的战略意义：它一头为西部发展注入活力，一头为东部腾飞提供能源后盾。

这一规模宏大的工程，从决策启动到全线投产仅用了四年零八个月。

【秦玉才　国家发改委西部开发司司长】

西部大开发前五年中央财政转移支付资金累计达到 7600 亿元，中央国债和预算类投资累计达到 3600 亿元。同时启动了一批重点项目。

对一望无际的荒原和戈壁来说，历史，曾经是凝固的。

然而，千年交替之际，一度发展缓慢的中国西部，只用了 5 年时间，就完成了一次历史的跨越。

在第一个 5 年里，西部地区新增公路通车里程 9.1 万公里，新建铁路铺轨 4066.5 公里，建成干线机场和支线机场 22 个。

新增发电装机容量 3600 多万千瓦。

完成退耕还林 1.18 亿亩、荒山荒地造林 1.7 亿亩，治理严重退化草原 1.9 亿亩。

3200 万人告别了饮水难题，102 万贫困人口进行了生态移民。

969 个无电乡通了电。

素有新疆东大门之称的哈密，是一个有着浓郁维吾尔风情的城市。走入今天的哈密，你在浓郁的民族风情之中，还能感受到一股扑面而来的现代气息。

随着西部大开发步伐的不断加快，西部地区少数民族的物质和文化生活也正在发生质的变化。

在西部，有 6.8 万个行政村开通了广播电视，蒙文、维吾尔文、藏文等民族语言也进入了现代化的信息处理系统。

【热地　全国人大常委会原副委员长】

实施西部大开发，有力地推动了民族地区加快发展，给民族地区的各族人民群众带来了看得见摸得着的实惠，确实推动了民族地区经济社会的全面发展。

新的千年到来了。

实施了一系列新的发展战略、战胜了一系列困难和风险挑战的中国人民，与世界各国人民一道，用各种方式，欢庆世纪的跨越，迎接新世纪的黎明。

中国的 2000 年，是一个特别有象征意义的一年。

这一年，世界历史上规模最大的一次国家领导人聚会在纽约举行。联合国五个常任理事国的领导人留下了这张照片，这无论是对中国还是世界，都是前所未有的姿态。

作为世界上发展最快的发展中国家，中国越来越成为世界舞台上一个积极而重要的力量。

这一年，中国国内生产总值首次突破 1 万亿美元，国家综合实力和人民生活迈上了一个新的台阶。

这一年，中国国民经济和社会发展的第九个五年计划顺利完成，人民生活总体达到小康，实现了"三步走"发展战略的第二步，铸就了中华民族发展史上的一个新的里程碑。

从此，中国的改革开放和社会主义现代化建设事业，进入了一个新的阶段。

办好中国的事情，关键在党。

经过近 80 年的奋斗，中国共产党终于把一个繁荣昌盛的中国带入了 21 世纪。

站在新的历史起点上，面对新的形势，新的任务，中国共产党将如何一如既往地保持先进性，团结和带领全国人民实现民族伟大复兴的使命？

这些并不陌生的形象或许提供了生动的答案。

【张全景　中央组织部原部长】

党的十四届四中全会作出决定，党的建设是一项新的伟大工程。全党认真贯彻落实这个决定的精神。随后江泽民总书记又根据形势任务的发展变化，又针对党内出现的一些问题，明确地提出了在全党开展讲学习、讲政治、讲正气"三讲"教育活动，取得了显著的效果。

加强党的建设，在长期执政条件下不断提高党拒腐防变能力，这是事关党生死存亡的重大历史课题。

江泽民非常重视党风廉政建设和反腐败工作，从党的十三届四中全会至党的十六大的 13 年，他连续 10 次在中央纪委全会上发表重要讲话，为反腐败斗争指明了方向。

2001 年 9 月，党的十五届六中全会通过《中共中央关于加强和改进党的作风建设的决定》（简称《决定》）。《决定》把保持党同人民群众的血肉联系，作为新形势下加强和改进党的作风建设的核心问题，要求全党必须始终不渝地贯彻党的群众路线，坚定不移地维护和实现最广大人民的根本利益。

改革开放的实践之路在不断延伸，领航中国的中国共产党的理论创新也永不止步。

进入 21 世纪，中国共产党所处的国内外环境、所肩负的任务和党员队伍的状况都在发生着深刻变化，如何不断提高党的执政能力和领导水平，不断提高拒腐防变和抵御风险的能力，怎样使党始终保持先进性，带领全国各族人民推进中国特色社会主义伟大事业，实现中华民族的伟大复兴？江泽民说，这是他"想得最多的一个问题"。

2000 年 2 月，新千年的第一个春天，江泽民来到广东考察工作。他一路考察，一路思索。在这片改革开放的热土上，马克思主义中国化的进程，酝酿着一次历史性的发展。

2 月 25 日，江泽民听取了中共广东省委的工作汇报之后，发表重要讲话。他指出："总结我们党七十多年的历史，可以得出一个重要的结论,这就是:我们党所以赢得人民的拥护,是因为我们党在革命、建设、改革的各个历史时期,总是代表着中国先进生产力的发展要求,代表着中国先进文化的前进方向,代表着中国最广大人民的根本利益。"

【蔡东士 时任广东省委常委、秘书长】

就在我们珠岛宾馆这个会议堂,江总书记在听取了省委省政府的汇报以后做了重要讲话,江总书记在这个重要讲话里头,第一次明确地提出了"三个代表"重要思想。

随后的一年多时间里,党的领导人反复体会时代的变化,测定着我们党的历史方位,继续丰富和完善"三个代表"重要思想。江泽民多次指出,始终做到"三个代表",是我们党的立党之本、执政之基、力量之源。

2001 年 7 月 1 日,中国共产党 80 华诞之际,江泽民代表党的第三代中央领导集体,系统总结了我党 80 年的光辉历程和基本经验,全面阐述了"三个代表"重要思想的科学内涵和基本要求。

【邢贲思 中央党校原副校长、《求是》杂志原总编辑】

"三个代表"重要思想的内容当然很丰富了,最关键的就是要坚持与时俱进,它的核心是要坚持党的先进性,本质就是要坚持执政为民。按照"三个代表"重要思想,也就是说全党必须始终保持与时俱进这样一种精神状态,必须把发展作为我们党执政兴国的第一要务，必须充分和最广泛地调动一切积极因素，必须要以改革的精神来推进党的建设，不断为我们党的肌体增添新活力。

【虞云耀　中央党校原常务副校长】

"三个代表"重要思想是马克思主义中国化的创新成果，表明我们党对共产党的执政规律、社会主义建设规律、人类社会发展规律的认识，达到了一个新的高度，一个新的境界。

"三个代表"重要思想创造性地运用马克思列宁主义、毛泽东思想，特别是邓小平理论，紧密结合时代发展的新形势、人民群众的新要求、改革开放的新实践，进一步回答了什么是社会主义、怎样建设社会主义的问题，创造性地回答了建设什么样的党、怎样建设党的问题，是中国特色社会主义理论体系的重要组成部分。

在隆重庆祝党的生日之后不久，中国又迎来了新的盛事。

2001 年 7 月 13 日，在莫斯科举行的国际奥委会第 112 次全体会议上，国际奥委会主席萨马兰奇庄重宣布：2008 年奥运会主办城市——北京。中国北京终于以绝对优势赢得 2008 年奥运会主办权。

这对刚刚跨进 21 世纪的中国来说，是一件颇具象征意义的喜事。全体中华儿女扬眉吐气，为之振奋。

　　一年以后，中国共产党和中国人民迎来了影响更为深远的盛事。2002 年 11 月 8 日，党的第十六次全国代表大会开幕。

　　大会总结了党领导人民建设中国特色社会主义的基本经验，把"三个代表"重要思想同马克思列宁主义、毛泽东思想、邓小平理论一道，确立为中国共产党必须长期坚持的指导思想，实现了党在指导思想上的又一次与时俱进。

　　展望未来，这次大会描绘了全面建设小康社会的宏伟蓝图。

　　【江泽民党的十六大报告同期声】

　　同志们，全面建设小康社会，开创中国特色社会主义事业新局面，就是要在中国共产党的坚强领导下，发展社会主义市场经济、社会主义民主政治和社会主义先进文化，不断地促进社会主义物质文明、政治文明和精神文明协调发展，推进中华民族的伟大复兴！

　　这次继往开来的大会选出了以胡锦涛同志为总书记的新一届中央领导集体。

　　走过 81 年沧桑风雨的中国共产党，拥有了新的坚强领导核心。

　　站在 21 世纪新阶段的启航线上，中国特色社会主义事业即将开启一段新的壮丽航程。

科学发展

Kexue Fazhan

党的十六大一闭幕，以胡锦涛同志为总书记的党中央就采取一系列重大举措，推动全党全国各族人民深入学习贯彻党的十六大精神，深入学习贯彻"三个代表"重要思想。

中共中央印发《"三个代表"重要思想学习纲要》，发出《关于在全党兴起学习贯彻"三个代表"重要思想新高潮的通知》，召开学习贯彻"三个代表"重要思想理论研讨会，组织中央宣讲团，连续举办十期省部级主要领导干部专题研讨班，学习贯彻"三个代表"重要思想新高潮不断引向深入。

2002 年 12 月 5 日，胡锦涛率领新当选的中央书记处全体成员，冒雪来到了革命圣地西柏坡。

1949 年 3 月 23 日，当中共中央从这里出发前往北平时，毛泽东意味深长地说，我们此去是"进京赶考"。

53 年后，胡锦涛来到这里，要求全党同志牢记"两个务必"，坚持"权为民所用，情为民所系，利为民所谋"。

2002 年冬天的西柏坡之行，仿佛历史的链条，把昨天和今天贯通一体，昭示着中国共产党人为发展中国始终如一的情怀和承诺。

党的十六大后，在新的历史起点上，中国迈向了全面建设小康社会的新征程。

2002 年 12 月 3 日，一个令人振奋的消息从摩纳哥传来——中国上海赢得了 2010 年世界博览会举办权。这是国际展览局成立 150 多年来，首次将世博会举办权交给一个发展中国家。

申博的成功，为世界了解中国、中国进一步走向世界开辟了新的窗口。

就在这一年，中国的国内生产总值首次跃上了 10 万亿元的新台阶，实际吸收外商直接投资也跃居世界第一位，经过半个世纪筹划的南水北调工程正式开工，"神舟"四号无人飞船发射升空……

大事不断、喜事连连。对 13 亿中国人来说，这是激情燃烧的一年。

然而，进入 2003 年的春天，一场突如其来的灾难——非典降临了。

面对这场前所未有的重大考验，以胡锦涛为总书记的党中央带领全国人民万众一心、众志成城，打响了抗击非典的人民战争。

在疫情最严峻的紧要关头，胡锦涛来到了抗击非典的最前线，来到了人民群众中间。

中国共产党人用自己的方式向全国和全世界传达信息：在伟大的中国人民面前，没有克服不了的困难，没有战胜不了的风险。

肆虐的非典疫情终于被击退了，人们熟悉的幸福生活又回来了。

人类总是在经历和战胜一次又一次的磨难中前进的。在反思非典的过程中，人们也在思考：在改革发展新阶段，中国将树立怎样的新的发展理念？

2003 年 8 月 28 日至 9 月 1 日，胡锦涛在江西考察时指出："要牢固树立协调发展、全面发展、可持续发展的科学发展观，积极探索符合实际的发展新路子，进一步完善社会主义市场经济体制。"

2003 年 10 月，党的十六届三中全会明确提出了完善社会主义市场经济体制的目标和任务。就是在这次会议上，科学发展观被作为一项着眼于党和国家事业发展全局的重大战略思想正式提出。

【李忠杰　中央党史研究室副主任】

以胡锦涛同志为总书记的党中央，提出了科学发展观这一重大战略思想，在为什么发展、实现什么样的发展和怎样发展的问题上作出了充满历史智慧的创造性回答。

胡锦涛指出，科学发展观，第一要义是发展，核心是以人为本，基本要求是全面协调可持续，根本方法是统筹兼顾。

【李君如　中央党校原副校长】

科学发展观反映了进入新阶段以来，我们发展的新要求和时代对我们党和国家工作提出的新要求，具有时代的色彩，是马克思主义中国化的最新成果。

2003年10月15日9时，"神舟"五号在酒泉卫星发射中心顺利升空，16日晨，航天员杨利伟乘返回舱安全着陆，我国首次载人航天飞行取得圆满成功。

【王永志　时任中国载人航天工程总设计师】

看到杨利伟自主地走出返回舱以后，顿时我激动万分，不可控制地流出了眼泪。经过几代人艰苦卓绝不懈的努力，用自己的智慧和力量，终于实现了中华民族几千年的飞天梦想。

载人航天的伟大实践，以令人信服的方式向世人表明：中华民族是勤劳智慧、富有创新精神和创造能力的民族。

【胡锦涛在 2006 年全国科学技术大会上的讲话同期声】

本世纪头 20 年，是我国经济社会发展的重要战略机遇期，也是我国科技事业发展的重要战略机遇期。面对汹涌澎湃的世界新科技革命浪潮，我们必须认清形势、坚定信心、抢抓机遇、奋起直追。

在这次全国科技大会上，胡锦涛向全国人民发出了建设创新型国家的号召。大会颁布的《国家中长期科学和技术发展规划纲要》，描绘了中国增强自主创新能力、建设创新型国家的壮美前景。

深入贯彻落实科学发展观，继续实施科教兴国战略，提高自主创新能力，建设创新型国家，抓紧实施人才强国战略，为中国特色社会主义事业提供着源源不竭的动力。

【路甬祥　全国人大常委会副委员长、中国科学院院长】

1956 年党中央吹响了向科技进军的号角，1978 年迎来了中国科技的春天，1995 年中央又提出科教兴国战略。2006 年，以胡锦涛同志为总书记的党中央又明确提出了提升自主创新能力、建设创新型国家的战略目标。

京津城际铁路是我国第一条具有完全自主知识产权、世界一流水平的高速铁路。时速高达 350 公里的国产"和谐"号高速列车，仅需半小时就能把我们从北京带到天津。

2005年，中央提出环渤海经济区发展战略。滨海新区，一个经济繁荣、社会和谐、环境优美的宜居生态型新城区正在逐步形成。

西部大开发战略正在深入推进。

东北地区等老工业基地正在全面振兴。

中部地区正在全力实现崛起。

东部地区正在努力率先发展。

神州大地上，开始迎来各地区协调发展、共同发展的崭新局面。

农业丰则基础强，农民富则国家盛，农村稳则社会安。把"三农"问题作为全党工作的重中之重，统筹城乡经济社会发展，是中国共产党始终如一的承诺和行动。从2004年起，中央连续6年发出关于解决"三农"问题的"一号文件"。

2005年12月29日，十届全国人大常委会第十九次会议决定取消农业税，一个在我国实行了长达2600年的古老税种从此退出历史舞台。

两天后，中共中央、国务院发出《关于推进社会主义新农村建设的若干意见》，对建设社会主义新农村作出全面部署。

【陈锡文　中央农村工作领导小组办公室主任】

我们已进入了一个可以叫做"以工促农、以城带乡"的这样一个发展阶段。中央及时地提出了对农业、农村、农民要"多予少取放活"，要实行"工业反哺农业、城市支持农村"的这样一个方针，同时提出要推进社会主义新农村建设。

取消农业税，推进社会主义新农村建设，打造农民群众自己的美好家园，亿万农民无不为之欢欣鼓舞。

得知农业税废止的消息之后，河北灵寿县清廉村的农民王三妮自己出钱，亲手铸造了一个"告别田赋鼎"，用这样一种特殊的方式表达了自己的喜悦之情。

农民不仅不用缴农业税了，还能从政府领取各种补贴。仅2008年，农民领取的粮食直补、良种补贴、农机具购置补贴、农资综合直补等"四补贴"资金就达到1030亿元。

中央财政对"三农"的投入更是一路走高，从2004年的2626亿元到2008年的5955亿元，短短五年已经翻了一番还多。

【王传喜　山东省苍山县代村党支部书记】

这些年，中央的政策太好了，农民的日子也是越过越好。现在是"良种有补贴，种地不收税；看病能报销，上学不收费；吃水不用抬，做饭不烧柴；生活有保障，农民得实惠"。这样的日子，以前想都没有想过。

一系列惠农政策的制定和实施，使农业、农村和农民面貌不断发生重大而深刻的变化，中国进入了农业发展最好、农村变化最大、农民得到实惠最多的历史时期之一。

位于内蒙古西南部的鄂尔多斯，曾经是"老、少、边、贫"的典型地区。

今天，追求生态文明的鄂尔多斯已成为塞北高原上一颗璀璨的明珠，沙漠深处的绿洲。

被称为无人区的可可西里，是世界珍稀动物藏羚羊生存的乐土，又是跨越世界屋脊的青藏铁路的必经之处。建设者们在施工中特意安排了 33 条野生动物迁徙通道，使这条铁路在世界生态建设史上创造了奇迹。

这种人与自然和谐发展的美景，在如今的中国随处可见。党的十六大以来，中国加大生态文明建设的力度，努力走生产发展、生活富裕、生态良好的文明发展道路，资源节约型和环境友好型社会建设不断取得新进展。

世界最长的跨海大桥——杭州湾跨海大桥。

世界上一次建成线路最长、标准最高的高速铁路——京沪高铁建设现场。

被誉为世界顶级港口的上海洋山深水港。

世界最大的围海吹填陆域形成工程——"科学发展示范区"曹妃甸。

承担这些世界顶级工程建设任务的，是中国中铁、中国交通建设集团等大型国有企业。

2003 年，国务院国有资产监督管理委员会挂牌成立，国有企业改革进入一个新的阶段，一批能够把握市场机遇、应对国际市场挑战的新型国有企业不断涌现，在经济社会发展中发挥着重要作用。

通信方式的变化，见证了人类社会的伟大变迁。今天，移动通信更是深刻地影响和改变着人们的生活。

在人们享受便捷的通讯服务的背后，站立着这样一家中国企业——华为公司。20 年间，依靠自主创新、坚定不移地"走出去"，华为从一家默默无闻的地方企业，成长为中国首屈一指、全球一流的通信设备制造商。2008 年，国外的通信设备制造商普遍进入寒冬，华为却逆势而上，销售额超过 200 亿美元，其中海外销售额占到了四分之三以上。

华为的成长故事，是中国企业顺应经济全球化潮流，主动参与国际竞争与合作，不断提高对外开放层次和水平的一个缩影。

【陈德铭　商务部部长】

党的十六大以来，中国不断拓展对外开放的广度和深度，努力形成经济全球化条件下参与国际经济合作和竞争的新优势，对外开放不断向纵深推进。

日益开放的中国，在世界经济中发挥着举足轻重的作用。2008 年，中国对外贸易总额达到 25616 亿美元，居世界第 3 位；外汇储备余额达到 1.95 万亿美元，居世界第一位。

2002 年 12 月 4 日，首都各界云集人民大会堂，隆重纪念中华人民共和国现行宪法公布施行 20 周年。

【胡锦涛在《宪法》公布施行二十周年纪念大会上讲话同期声】

中华人民共和国宪法是我国的根本法，是治国安邦的总章程，是保持国家统一、民族团结、经济发展、社会进步和长治久安的法律基础，是中国共产党执政兴国、团结带领全国各族人民建设中国特色社会主义的法制保证。

这是对国家根本大法无上权威的重申，更是坚定不移实施依法治国方略的庄严承诺。

20 多天后，中央政治局进行首次集体学习，学习的内容依然是宪法。

【信春鹰　全国人大常委会法制工作委员会副主任】

依法治国基本方略在党的十六大之后又有了新的推进。到 2009 年 6 月十一届全国人大常委会第九次会议止，我们国家的立法，就是现行有效的法律文件是 228 件，国务院的行政法规大约有 700 件，地方性法规大约有 9000 件。那么这标志着中国特色社会主义法律体系已经基本形成。

人民民主是社会主义的生命，发展社会主义民主政治是我们党始终不渝的奋斗目标。

2003年12月10日，北京市区县人大代表换届选举投票日。上午9时许，胡锦涛冒着飞舞的雪花，来到中南海选区怀仁堂投票站，郑重地投下了自己的一票。

申纪兰老人，见证了新中国人民代表大会制度55年不平凡的历程。

1954年，被誉为中国农村争取"男女同工同酬"第一人的她，走进中南海怀仁堂，参加了第一届全国人民代表大会第一次会议。此后的50多年里，每一次人大会议上，人们都能看见她积极参政议政的身影。

有人说，她是"中国民主制度的见证者"。

【申纪兰 第一至第十一届全国人大代表】

党和人民给了我最高荣誉，要没有共产党，要没有新中国，就没有人民代表的发展。人民代表就代表人民利益，人民代表就要代表人民说话，人民代表就要代表农民办事。

中国共产党领导的多党合作和政治协商制度是我国的一项基本政治制度，也是我国社会主义政治制度的特有优势。

2002年岁末，京城一片银装素裹，但在胡锦涛走访各民主党派中央和全国工商联的现场却是春意盎然、暖意融融，洋溢着中国共产党与各民主党派和工商联肝胆相照、亲密合作的感人气氛。

【周铁农　全国人大常委会副委员长、民革中央主席】

锦涛同志在走访当中特别强调，要始终不渝地坚持统一战线这个重要的法宝和方针，始终不渝地坚持中国共产党领导的多党合作和政治协商制度的优势，把一切力量凝聚起来，调动起来，共同创造幸福的生活和美好的未来。

近年来，中共中央在作出重大决策之前，都邀请各民主党派中央领导人和无党派人士召开民主协商会、座谈会，通报情况，听取意见；并先后颁发多个文件，推动多党合作和政治协商的制度化、规范化和程序化建设，为各民主党派和无党派人士发挥作用创造了更为广阔的空间，巩固和发展了广泛的爱国统一战线。

中国坚持和完善民族区域自治制度，促进各民族共同团结奋斗、共同繁荣发展，不断巩固和发展平等团结互助和谐的社会主义民族关系，少数民族和民族地区处处呈现出经济繁荣、政治安定、文化发展、社会和谐、民族团结的喜人景象。

基层群众自治制度是社会主义民主的直接体现，是中国人民当家做主最有效、最广泛的实现途径。

改革开放特别是党的十六大以来，城乡基层群众自治制度日益完善。在城乡广阔天地里，亿万群众依法管理自己的事情，亲身参与了广泛的民主实践活动。

与此同时，行政管理体制改革也在日益深化，服务政府、责任政府、法治政府和廉洁政府建设不断取得新的成效。

坚持党的领导、人民当家做主与依法治国有机统一的原则，中国积极稳妥地推进政治体制改革，不断推进社会主义政治制度自我完善和发展，社会主义民主政治展现出日益强大的生命力和活力。

文化，民族凝聚力和创造力的重要源泉，一个国家综合国力的重要体现。党的十六大以来，建设社会主义核心价值体系，推动社会主义文化大发展大繁荣，提高国家文化软实力，成为了先进文化建设的重大战略任务。

从2004年起，中央开始实施马克思主义理论研究和建设工程，充分体现马克思主义中国化最新成果的学科体系和教材体系建设取得重大进展，马克思主义理论队伍建设不断加强，中国特色社会主义理论体系进教材、进课堂、进头脑工作成效明显。

【陈奎元　全国政协副主席、中国社会科学院院长】

马克思主义理论研究和建设工程对中国哲学社会科学的发展来说具有非常直接的、普遍的和深远的意义，也可以说是哲学社会科学建设的一项根本的工程。工程的实施过程本身也是一次聚集马克思主义力量，锻炼马克思主义队伍，培养马克思主义理论工作者和接班人的一项重要工程。

人无德不立，国无德不兴。胡锦涛提出的"八荣八耻"，成为新形势下社会主义思想道德建设的重要指针，推动着形成知荣辱、讲正气、树新风、促和谐的文明风尚。全国道德模范人物的表彰，为公民道德建设树起了一个个新的楷模，也构筑起了一道道耀眼的精神风景。

在井冈山、延安、韶山等革命圣地，来自全国各地的游人络绎不绝，红色旅游逐年升温。传统教育与休闲方式得到了有机结合，实现了寓教于游、寓教于乐。

2007年8月，《关于加强公共文化服务体系建设的若干意见》发布，公共文化服务体系建设开始全面提速。

11月6日，湖北省摆出一道文化盛宴：拥有曾侯乙编钟、越王勾践剑、郧县人头盖骨等珍贵文物的湖北省博物馆永久免费开放。

从2008年起，全国1000多座公共博物馆、纪念馆陆续向社会免费开放。

广播电视村村通、社区和乡镇综合文化站、全国文化信息资源共享、农村电影放映、农家书屋建设……一系列重大公共文化服务工程惠及普通百姓，覆盖全社会的公共文化服务网络逐步构建起来，切实保障着人民群众看电视、听广播、读书看报、进行公共文化鉴赏、参加大众文化活动等基本文化权益。

仅在 2008 年，农村电影放映总数就达到了 715 万场，观众达 16 亿多人次。农村电影发行放映发生的巨大变化，得益于"企业经营、市场运作、政府购买、农民受惠"这一全新的改革思路。

党的十六大以来，党和政府坚持一手抓公益性文化事业、一手抓经营性文化产业，文化体制改革步伐明显加快，文化战线日益焕发出生机和活力，呈现出公益性文化事业、经营性文化产业两翼齐飞的繁荣景象。

围绕国有经营性文化单位转企改制、重塑文化市场主体这一中心环节，文化体制改革不断深化，极大地解放和发展了文化生产力，城乡文化产品和服务供给能力显著改善。

北京市儿童艺术剧团的事业发展曾经长期徘徊。2004 年年初，北京儿艺进行了股份制改造，实行市场化运作。短短几年时间，北京儿艺年度收入就从 77 万元上升到 2008 年的 7500 万元，成为了新型市场主体。

在堪称亚洲第一、世界一流的电影梦工厂——中影数字制作基地，电影《梅兰芳》从这里走上大银幕，向世人展示着中国文化的独特魅力。

从 2003 年起，中影集团逐步以股份制改造实现投资主体多元化，同时通过参股的方式，组建了七条电影院线。改制后的中影集团活力迸发，精品力作不断涌现，票房收入占到全国市场份额的一半以上。

【王太华　中宣部副部长、国家广电总局局长】

2008年，中国电影产量达到406部，保持了世界第三电影生产大国的地位，全年票房超过了43亿元，首次进入全球电影市场前十名，有力促进了我国文化软实力的提高。

近年来，从转企改制、股票上市到跨地区、跨行业战略重组，出版发行体制改革一直走在文化体制改革的前列。在改革的推动下，出版发行业不断做大做强，步入了发展的快车道。

【柳斌杰　新闻出版总署署长】

下一步，出版发行体制改革要继续加大力度、加快进度，不断向纵深发展，取得新的成果和新的突破，力争两年左右建成几个销售收入、资产双超百亿元的大型的骨干出版传媒企业。

文化产业正在由小到大、从弱变强，成为中国新的经济增长点。从2003年起，文化产业增加值增幅高于同期GDP增幅5到6个百分点，占GDP比重年均提高0.15%。在北京、上海、广东等地，文化产业增加值均占GDP的6%以上，成为国民经济支柱产业。

【蔡武　文化部部长】

中华民族伟大复兴必然伴随着中华文化的繁荣兴盛。党的十六大以来，以社会主义先进文化为方向，以改革创新为动力，兴起了社会主义文化建设的新高潮，迎来了文化大发展、大繁荣的生动局面。

社会主义现代化建设是全体人民共同参与、共同奋斗的事业，更是造福全体人民的伟大事业。

党和国家从人民最关心、最直接、最现实的利益问题入手，加快推进以改善民生为重点的社会建设，真正做到发展为了人民、发展依靠人民、发展成果由人民共享。

在辽宁省营口市，3年多前，这里还是棚屋集中的地区。如今，52栋崭新的居民楼拔地而起，2200多户棚户区居民住上了新房，人均居住面积由原来的8平方米提高到18.6平方米。

【辽宁省营口市红运广厦新居居民】

过去住平房，非常潮湿，外面下大雨，屋里下小雨，冬天下雪封门出不去，搬进新楼以后，有煤气，有暖气，我们生活一天比一天好。

都是由于党的政策好，惠民政策好，感谢党，感谢改革开放。

近年来，中国积极推进城镇住房保障制度建设，建立了多层次住房保障体系，为城镇低收入家庭改善住房条件提供了一条重要渠道。如今，整齐漂亮的居民小区比比皆是，城乡人居环境大大改善，人们的住房水平不断提高。

从 2003 年起，新型农村合作医疗制度开始推行。短短几年时间，全国开展新型农村合作医疗的县（市、区）就发展到 2729 个，覆盖人口 8.14 亿人。

2009 年 4 月，中共中央、国务院发布《关于深化医药卫生体制改革的意见》，始终贯穿了公共卫生公益性的主线，明确提出了建立健全覆盖城乡居民的基本医疗卫生制度的目标。

【张茅　卫生部党组书记、副部长】

到 2011 年，基本医疗卫生保障将覆盖城乡居民，基本公共卫生和基本医疗卫生服务水平将有明显提高，居民的医疗费用负担将有效地降低，这将为人人享有基本医疗卫生服务的目标提供坚实的基础。

医疗卫生事业的发展，显著改善了人民群众的健康水平。新中国刚成立时，中国人口平均寿命还不到 40 岁，目前，中国人口平均期望寿命已经提高到 73 岁，达到了发达国家的水平。

徜徉在广袤的农村，细心的人会留意到，中小学校往往都是当地最好的建筑，校园则是当地最美丽的风景。

从 2003 年起，国家逐步推行对农村义务教育阶段学生实行免除学杂费、免费提供教科书，补助家庭经济困难寄宿生生活费的"两免一补"政策，惠及 40 多万所义务教育学校和近 1.5 亿名学生。2008 年 9 月 1 日，又实现了全国城乡免费义务教育。

九年义务教育全面普及，高等教育进入大众化发展阶段，职业教育和继续教育加快发展，一个个里程碑的背后映射出的是中国教育事业的跨越式发展。目前，全国 15 岁以上人口平均受教育年限超过 8.5 年，总人口中大学以上文化程度的超过 7000 万人，实现了从人口大国向人力资源大国的历史性转变，正在向人力资源强国迈进。

从 2007 年起，农民也和城里人一样开始享受到国家提供的最低生活保障。

【浙江省温岭市箬横镇农民】

150 块，农村人，能像城里人那样领低保，过去想都不敢想，全靠党和人民政府的支持和帮助。

仅在 2008 年，全国就有 6600 多万城乡居民感受到国家提供的这种温暖。进入 2009 年，一项新的重大惠农政策出台，新型农村社会养老保险试点开始，预计到 2020 年将基本实现全覆盖的目标。

中国社会保障的覆盖群体正在逐步扩大，向着人人享有社会保障的目标迈进。

天下和，民心安。

近年来，各级党委、政府更加重视维护社会公平正义，化解社会矛盾，完善社会管理，更好地促进了社会主义和谐社会建设。

在一项项重大举措中，中国改善民生、促进社会和谐的力度不断加大。学有所教、劳有所得、病有所医、老有所养、住有所居，开始成为亿万中国人民生活的写照。

2007 年 10 月，党的十七大胜利召开。会议科学回答了我们党在改革发展关键阶段举什么旗、走什么路、以什么样的精神状态、朝着什么样的发展目标继续前进等重大问题。

在这次大会上，科学发展观同邓小平理论、"三个代表"重要思想一道，作为中国特色社会主义理论体系的重要组成部分，被写入党章。

【胡锦涛党的十七大报告同期声】

科学发展观，是对党的三代中央领导集体关于发展的重要思想的继承和发展，是马克思主义关于发展的世界观和方法论的集中体现，是同马克思列宁主义、毛泽东思想、邓小平理论和"三个代表"重要思想既一脉相承又与时俱进的科学理论，是我国经济社会发展的重要指导方针，是发展中国特色社会主义必须坚持和贯彻的重大战略思想。

潮平两岸阔，风正一帆悬。

在科学发展观的引领下，中国共产党正将中国这艘东方巨轮导向风正潮平的新天地。

第九集

走向复兴

Zouxiang Fuxing

2008 年 8 月 8 日晚 8 时，带着 13 亿中国人的梦想，奥运来到了北京。

【北京奥运会开幕式上胡锦涛宣布开幕同期声】

我宣布，北京第二十九届奥林匹克运动会开幕！

璀璨的焰火绽放夜空，激昂的旋律响彻全场，彩旗挥动，欢呼声经久不息。

在圣火的照耀下，具有两千多年历史的奥林匹克运动与五千多年传承的灿烂中华文化，以近乎完美的形式共同呈现在世人面前。

这个夜晚，中国感动世界。

这个夜晚，属于走向伟大复兴的中国。

在人们的心目中，2008 年是一个异常美好的年份。中国将迎来改革开放 30 周年，举办举世瞩目的北京奥运会，改革开放和社会主义现代化建设取得的成就将在这一年得到充分展现。

然而，2008 年注定是在中华民族的史册上留下深刻印记的一年。重重喜悦之外，中华民族在实现伟大复兴的征程上还将跨越一道又一道险关，在大悲大喜的洗礼中愈加自强不息、顽强拼搏、努力奋斗。

进入 2008 年，首先考验中国的，是南方部分地区严重低温雨雪冰冻灾害。

就在人们满怀期待地迎接农历新年的时候，一场 50 年来未曾遇见过的低温雨雪冰冻灾害不期而至，在一个多月的时间里，从南到北，袭击大半个中国。

暴雪、冻雨、低温，断电、停水、交通堵塞，人民群众的生产生活受到严重影响。

党中央、国务院及时部署、科学调度，全国各地倾力支援、奉献关爱，辽阔的中华大地，打响了一场抗灾救灾的攻坚战。

紧急关头，党和国家领导人在灾区第一线坐镇指挥，亲自上阵，为人民带来了战胜冰雪灾害的信心、勇气和力量。

冰凌压垮了电塔，却压不垮人们的意志；雨雪阻断了交通，但隔不断人们的真情。一幕幕动人场景，成为这场抗击雨雪冰冻灾害斗争中的温馨回忆。

气温逐渐回升，冰雪渐渐消融，人们迎来了温暖的春天。

"点燃激情，传递梦想"，奥运圣火的传递开始了。

5月8日，来自奥林匹亚的圣火成功登顶珠峰，中国人对挑战极限，追求更快、更高、更强的奥运精神作出了最生动的诠释。

然而，几天后，一场巨大的自然灾害突然袭来，中华民族迎来了又一次重大考验。

2008年5月12日14时28分，一场里氏8.0级特大地震在四川汶川发生，强烈的震感波及大半个中国。

面对这场新中国成立以来破坏性最强、波及范围最广、救灾难度最大的灾难，党中央、国务院在第一时间果断决策，紧急号令。

震后不到1小时，胡锦涛总书记发出救援指示。

震后不到两小时，温家宝总理飞赴灾区。

中共中央政治局常委会连夜召开，全面部署抗震救灾工作。

在党中央、国务院、中央军委的坚强领导下，全党全军全国各族人民迅速打响了规模空前的抗震救灾斗争。

灾难面前，中国人民空前团结，中华民族空前凝聚。

【胡锦涛2008年5月18日在四川省什邡市蓥华镇救援现

场同期声】

我坚信，任何困难都难不倒英雄的中国人民！

有没有信心？

有！有！有！

在这场气壮山河的抗震救灾斗争中，我们的党、我们的军队、我们的人民用坚定信念、坚强意志、坚韧努力战胜了磨难、经受住了考验。

灾难无情、人间有爱，汶川加油、中国加油，成为响彻中华大地的最强音。

这是中国历史上第一次为自然灾害中的遇难者设立全国哀悼日。当国旗缓缓垂下，一个国家的品格升到新的高度。

【胡锦涛在全国抗震救灾总结表彰大会上的讲话同期声】

在波澜壮阔的抗震救灾斗争中，我们用理想凝聚力量、用信念铸就坚强、用真情凝结关爱，大力培育和弘扬了万众一心、众志成城，不畏艰险、百折不挠，以人为本、尊重科学的伟大抗震救灾精神。

地震过去不久，总投资达一万亿元的国家灾后重建计划出台，全国对口支援方案确定，灾区人民开始在废墟上重新建设自己美好的家园。

在汶川特大地震一周年之际的汶川县映秀镇。当时针指向

14时28分，全场肃立，向在地震中不幸遇难的同胞和在抗震救灾斗争中英勇献身的烈士默哀。

一朵朵圣洁的菊花寄托着人们对遇难同胞的深切思念，表达了人们用重建美好家园的实际行动告慰逝者的共同心愿。

北川中学的重建也在这一天拉开序幕，北川新县城的建设正在如火如荼地进行。胡锦涛亲自为县城取名"永昌"，希望北川能够和全国一样永远繁荣昌盛。

在全国人民的共同努力下，灾后恢复重建工作原定三年的目标任务将力争用两年时间基本完成。

【李慎明　中国社会科学院副院长】

改革开放和社会主义现代化建设，极大地增强了我国抗击灾难的物质基础，更深刻地改变着全体中国人民的精神风貌。我国抗震救灾所取得的伟大胜利，是以一种特殊的方式向世人和世界全面展示了中国特色社会主义的伟大力量和无比优越性。

"同一个世界，同一个梦想"。2008年8月8日，奥运会开始了！

来自204个国家和地区的1万余名运动员，不断挑战极限、攀越新高，奏响了更快、更高、更强的激情乐章，描绘了团结、友谊、和平的壮丽画卷。

作为东道主的中国体育健儿，顽强拼搏，奋勇争先，取得了 51 枚金牌、100 枚奖牌的优异成绩，位居金牌榜第一位，书写了中国体育事业发展的新篇章。

完善的场馆设施，出色的组织服务，志愿者的热情微笑，一流的比赛成绩，完美阐释的奥林匹克精神，北京奥运会的一切都堪称完美。

【闭幕式上罗格致答谢词】

这是一届真正的、无与伦比的奥运会！

"两个奥运，同样精彩"。10 多天后，带着深藏在心中追求梦想的执著，带着对超越、融合、共享的期待，来自世界各地的残疾人运动员，在同样的舞台上，舞动起梦想的翅膀，自强不息，超越自我，挑战极限，奋勇争先，谱写了壮丽辉煌的生命赞歌。

【何振梁　中国奥委会名誉主席】

中国的综合国力和改革开放 30 年的成果在这次奥运会上得到了充分的、集中的展示。北京奥运会加快了中国前进的步伐，也使全世界更加了解了中国。

奥运会在中华民族走向复兴的伟大历程中，矗立起了一座新界标。越过这座界标，奥运后的中国继续前行，为人类文明进步作出新的贡献。

2008 年 9 月 25 日 21 时 10 分，神舟七号飞船载着三名中国宇航员成功升空。舱门打开，深奥莫测的太空第一次真切地展现在中国人的眼前。

宇航员翟志刚漫步太空，舞动起鲜艳的五星红旗，茫茫太空第一次留下了中华民族的足迹。

【胡锦涛与宇航员对话】

胡锦涛："你太空出舱行走以后，在太空行走的感觉怎样？"

翟志刚："太空漫步的感觉很好，'飞天'舱外服穿着舒适。置身茫茫太空，更为我们伟大的祖国感到骄傲。"

就在中国成功举办北京奥运会，轻松进行太空漫步之时，一场来自大洋彼岸的金融危机突然袭来。

2008 年 9 月，不断蔓延的美国次贷危机急剧恶化，"金融海啸"迅速波及全球，从发达国家传导到新兴市场国家和发展中国家，从金融领域扩散到实体经济领域，演变为一场冲击力极强、波及范围很广的国际金融危机，世界经济陷入 20 世纪 30 年代大萧条以来最困难的境地。

这场危机与中国转变经济发展方式、调整经济结构的关键时期不期而遇，新的挑战与既有矛盾相互交织，中国面临着前所未有的困难和挑战。2009 年，成为中国进入新世纪以来经济发展最为困难的一年。

但是，中国经济发展的基本态势和长期向好趋势没有发生根本变化，支撑中国经济持续较快发展的根基没有动摇。社会主义中国在经历改革开放 30 年的持续快速发展后，更是积累了应对国际金融危机的巨大优势。

中国及时调整宏观经济政策，坚定不移地实施积极的财政政策和适度宽松的货币政策，迅速出台扩大国内需求的十项措施，陆续制定和实施一系列政策和产业振兴规划，形成了系统完整的进一步扩大内需、促进经济增长的一揽子计划，保增长、调结构、促改革、惠民生取得明显成效。

作为国际社会负责任的成员，中国始终积极参与应对国际金融危机的国际合作。一个充满活力、更加开放的中国，为国际社会共同应对危机、促进世界和平与发展带来了希望、信心和勇气。

【张平　国家发改委主任】

中国共产党的坚强领导，社会主义制度的优越性，全国各族人民的团结奋斗，是我们抵御国际金融危机冲击的强大力量。

完成祖国统一，是中华民族的三大历史任务之一，中国共产党人始终把实现祖国的完全统一作为自己的历史使命，并为此进行了长期不懈的奋斗。

1997 年和 1999 年，香港和澳门先后回归祖国，实现了全民族的夙愿。香港、澳门回归祖国以来，在"一国两制"、"港人治港"、"澳人治澳"、高度自治的方针指导下，社会保持稳定、经济更加繁荣、民主有序发展、民众安居乐业，展现出一派欣欣向荣的景象。

随着中国大陆的政治影响力、文化凝聚力和经济吸引力稳步提高，两岸关系也开始书写新的篇章。

2005年4月到7月，中共中央总书记胡锦涛在北京分别会见中国国民党、亲民党、新党领导人。胡锦涛与连战会谈后发布了"两岸和平发展共同愿景"。

2008年，台湾局势发生重大的积极变化，两岸关系迎来了历史性转机。两岸政党高层接触频繁，海协会与台湾海基会重新握手协商并相继签署多项重要协议。

12月15日，两岸海运直航、空运直航、直接通邮基本实现，"三通"从梦想变成了现实。

时隔不久，大熊猫"团团"、"圆圆"运抵台湾，与广大台湾同胞见面，不仅带来了13亿大陆同胞的祝愿，更拉近了两岸民众的距离。

2008年12月31日，胡锦涛在纪念《告台湾同胞书》发表30周年座谈会上发表重要讲话，深刻阐述两岸关系和平发展的主张，提出了推动两岸关系和平发展的六点意见。

【陈云林　海峡两岸关系协会会长】

展望未来，两岸关系和平发展的道路一定会越走越宽广。

只要海内外的中华儿女紧密团结、共同奋斗，祖国的完全统一就一定能够实现，这是中华民族伟大复兴的历史必然。

建设一支强大的海军，是中华民族的百年夙愿。1949 年 4 月 23 日，伴随着百万雄师横渡长江的胜利凯歌，中国人民解放军海军在这里宣告诞生。

在此后 60 年里，人民海军不断发展壮大，在捍卫国家主权和安全、维护海洋权益、完成多样化军事任务中发挥了重要的作用。

2009 年 4 月 23 日，胡锦涛来到海滨城市青岛，出席庆祝人民海军成立 60 周年海上阅兵活动。

吴胜利："主席同志，受阅部队准备完毕，请您检阅！"

胡锦涛："开始——"

这是中国第一次举办多国海军检阅活动，也是人民海军历史上最大规模的海上阅兵。

在人民海军接受检阅的同时，数千海里之外的亚丁湾、索马里海域，同样活跃着来自中国的海军舰艇编队。根据联合国安理会的授权，他们正在为保卫国际海运尤其是中国船舶的安全展开护航行动。

党的十六大以来，我国在经济实力不断增强的基础上，逐步增加国防投入，不断提高国防和军队现代化水平，军队应对多种安全威胁、完成多样化军事任务的能力迅速提高，为党巩固执政地位，维护国家发展的重要战略机遇期，维护国家利益，维护世界和平与促进共同发展发挥了重要作用。

进入 21 世纪，求和平、谋发展、促合作已经成为不可阻挡的时代潮流，在复兴之路上高歌猛进的中国将给人类和世界带来什么？

2005 年 9 月，胡锦涛在联合国成立 60 周年首脑会议上发表《努力建设持久和平、共同繁荣的和谐世界》的讲话，指出中国将坚定不移地高举和平、发展、合作的旗帜，坚定不移地走和平发展道路，推动建设和谐世界。

2006 年 11 月，中非合作论坛北京峰会召开，确立了中非新型战略伙伴关系，进一步巩固和发展了中国与非洲国家半个多世纪的深情厚谊，成为中非关系史上一座新的里程碑。

中国领导人积极开展丰富多彩的外交活动，推动中国与世界主要大国的关系继续稳定发展：中美 21 世纪建设性合作关系全面推进，中俄战略协作伙伴关系全面深入快速发展，中国同欧盟及其主要成员国建立了全面战略伙伴关系，中日战略互惠关系进一步发展，中国同新兴大国的合作日益深化。

中国同周边国家睦邻友好合作关系进一步扩大和深化，同发展中国家的团结合作取得重要进展。

作为联合国安理会常任理事国，中国积极参与多边事务，在全球重大问题上发挥了积极作用，赢得了国际社会的广泛赞誉。

新中国成立60年来，中国越来越多地承担起维护世界和平与促进共同发展的历史使命，成为维护世界和平、稳定和发展的重要力量。

中国与世界的关系发生了广泛而深刻的变化，世界也开始以前所未有的广度、深度认识中国。

【基辛格　美国前国务卿】

我到访中国70多次，最让我感到欣喜的是每一次我都能感受到中国经济的发展，现在中国被认为是世界上发展最迅速的国家。

【希拉克　法国前总统】

从这个意义上说，中国正在成为最强大的国家之一，在国际事务中，将扮演重要角色。

今天的国际舞台上，中国领导人的身影更加活跃，中国的国际地位显著提高，国际影响日益扩大，与世界各国友好合作关系全面发展，既为我国发展争取了有利国际环境，又为人类和平与发展的崇高事业作出了积极的贡献。

中国共产党自诞生之日起就勇敢担当起带领中国人民创造幸福生活、实现中华民族伟大复兴的历史使命。

历经 80 多年革命、建设和改革的光辉历程，领航中国的中国共产党始终坚持推进党的建设伟大工程，使自己始终保持先进性，始终走在时代前列，成为中国特色社会主义伟大事业和中华民族复兴伟业的坚强领导核心。

2004 年 9 月，党的十六届四中全会专门通过了《中共中央关于加强党的执政能力建设的决定》，全面部署了加强党的执政能力建设的各方面工作。

2005 年起，又在全党深入开展以实践"三个代表"重要思想为主要内容的保持共产党员先进性教育活动，取得了重要的实践成果、理论成果和制度成果。

从 2008 年 9 月开始，围绕党员干部受教育、科学发展上水平、人民群众得实惠的目标，深入学习实践科学发展观活动在全党分批展开。

地处陕北高原的安塞，是著名的腰鼓之乡，更是有着光荣历史的革命老区。

2008 年金秋十月，胡锦涛来到这里，对深入学习实践科学发展观活动进行调研和指导。

随着学习实践活动不断推进，安塞这个革命老区焕发出勃勃生机。

【欧阳淞 中组部副部长、中央党史研究室主任、中央深入学习实践科学发展观活动领导小组办公室主任】

学习实践活动在党中央正确领导下，进展顺利，成效明显，基本达到了中央提出的党员干部受教育，科学发展上水平，人民群众得实惠的总要求。

党风廉政建设和反腐败工作关系党的生死存亡。党的十六大以来，中央高度重视和大力加强党风廉政建设和反腐败斗争。胡锦涛连续 7 次在中央纪委全会上发表重要讲话，提出了一系列关于反腐倡廉的重要战略思想和理论观点。在中央的坚强领导下，反腐败斗争的深度、力度和广度持续加大，有力维护了人民群众切身利益，得到了人民群众衷心拥护和坚定支持。

2009 年 9 月，党的十七届四中全会胜利召开。

会议深入分析了党的建设面临的新形势新任务，认真总结了党执政以来加强自身建设的基本经验，明确提出加强和改进党的建设的总体要求、目标任务、主要举措，对加强和改进新形势下党的建设作出了战略部署。

一系列加强和改进党的建设的措施，有力地提升了中国共产党的执政能力，推动和保证中国全面建设小康社会的顺利进行。

时光进入 2009 年，中华人民共和国也进入了她的第 60 个年头。

历经一个甲子的光荣与梦想，一个甲子的艰辛与奋斗，新中国发生了怎样的改变？

我国经济实力和综合国力大幅度增强。1952 年中国国内生产总值仅有 679 亿元人民币；2008 年，中国国内生产总值达到 300670 亿元。

新中国成立初期，我国钢产量仅居世界第二十六位，发电量仅居第二十五位。经过 60 年的发展，我国主要工业产品中，钢、煤、水泥、化肥、棉布已居第一位；发电量居第二位。

1949 年，全国粮食产量为 11318 万吨，人均只有 209 公斤。2008 年，我国粮食产量达到 52871 万吨，已成为世界上最大的粮食生产国。主要农产品中，谷物、肉类、棉花、花生、油菜籽、茶叶、水果等产品产量已稳居世界第一位，创造了以不足世界 10% 的耕地养活占世界 22% 的人口的奇迹。

我国人民生活水平极大改善，实现了从贫困到温饱再到小康的历史性跨越。城镇居民人均可支配收入从不足 100 元增加到 15781 元，农民人均纯收入从 44 元增加到 2008 年的 4761 元。城乡居民的衣、食、住、行、用消费水平不断提高，人民生活的"三大件"随着时间的推移而不断升级：20 世纪五六十年代是手表、自行车和缝纫机；80 年代是彩电、冰箱和洗衣机；90 年代是手机、空调和音响；进入 21 世纪，则是房子、车子和电脑。

经过 60 年来艰苦卓绝的奋斗，昔日积贫积弱的中国发生了翻天覆地的历史巨变。从贫穷落后到繁荣昌盛，从山河破碎到强大统一，从受人欺凌到备受尊重，中国人民在中国共产党的领导下，在中华大地上描绘了一幅波澜壮阔的历史画卷，谱写了中华民族文明史上最为光彩夺目的篇章。

在人类的历史长河中，60 年只是短暂的一瞬间。

当我们把眼光投向沧海桑田，或许能获得更多的历史感悟。

161 年前，《共产党宣言》发表，社会主义从空想变为科学。

88 年前，中国共产党成立，中国革命的面目焕然一新。

60 年前，中华人民共和国诞生，开创了中国历史新纪元。

31 年前，中国步入改革开放历史新时期，开始了一场新的伟大革命，使一个面向现代化、面向世界、面向未来的社会主义中国，巍然屹立在世界东方。

新中国成立 60 年来的伟大历程雄辩地证明：只有中国共产党才能领导和团结中国各族人民不断取得中华民族伟大复兴的新胜利，只有社会主义才能救中国，只有中国特色社会主义才能发展中国。在当代中国，只有中国特色社会主义伟大旗帜而不是别的什么旗帜能够最大限度地团结和凝聚不同社会阶层、不同利益群体的智慧和力量，只有中国特色社会主义道路而不是什么别的道路能够指引中华民族实现伟大复兴，只有中国特色社会主义理论体系而不是什么别的主义能够引领中国发展进步。

60 年的光辉历史，是 13 亿中华儿女可歌可泣的创业史、奋斗史，更是英雄人物辈出的历史。

在 100 位为新中国成立作出突出贡献的英雄模范人物和 100 位新中国成立以来感动中国人物的背后，还有无数知名和不知名的英雄。

对于他们为新中国 60 年巨变作出的杰出贡献，我们永远不能忘记。

我们要永远铭记，以毛泽东同志为核心的党的第一代中央领导集体，带领全党全国各族人民建立了新中国，取得了社会主义革命和建设的伟大成就，在艰辛探索社会主义建设规律中积累了宝贵经验。

我们要永远铭记，以邓小平同志为核心的党的第二代中央领导集体，带领全党全国各族人民开创了改革开放伟大事业，吹响了走自己的路，建设中国特色社会主义的时代号角。

我们要永远铭记，以江泽民同志为核心的党的第三代中央领导集体，带领全党全国各族人民继承、发展并把改革开放伟大事业成功推向 21 世纪，引领改革开放的航船沿着正确方向破浪前进。

党的十六大以来，以胡锦涛同志为总书记的党中央，团结带领全党全国各族人民，坚定不移地把中国特色社会主义伟大事业继续推向前进。

【胡锦涛在纪念党的十一届三中全会召开30周年大会上的讲话同期声】

我们的事业崇高而神圣，我们的前景光明而美好，我们的责任重大而光荣。让我们更加紧密地团结起来，坚定不移地沿着党的十一届三中全会以来开辟的中国特色社会主义道路奋勇前进，继续解放思想，坚持改革开放，推动科学发展，促进社会和谐，为夺取全面建设小康社会新胜利、开创中国特色社会主义事业新局面、实现中华民族伟大复兴而团结奋斗，努力为人类作出新的更大的贡献！

晴空一鹤排云上，便引诗情到碧霄。

今天，站在新的历史起点上，我们要更加紧密地团结在以胡锦涛同志为总书记的党中央周围，坚定不移地沿着中国特色社会主义道路奋勇前行，在实现中华民族伟大复兴的历史画卷上描绘出更新更美的图画。

责任编辑:徐庆群

封面设计:周文辉　吴燕妮

版式设计:东昌文化

图书在版编目(CIP)数据

辉煌六十年. -北京:人民出版社,2009.10

ISBN 978 - 7 - 01 - 008382 - 7

Ⅰ. 辉…　Ⅱ. 中…　Ⅲ. 社会主义建设-成就-中国　Ⅳ. D619

中国版本图书馆 CIP 数据核字(2009)第 183781 号

辉煌六十年

HUIHUANG LIUSHI NIAN

人民出版社 出版发行

(100706　北京朝阳门内大街 166 号)

北京佳顺印务有限公司印刷　新华书店经销

2009 年 10 月第 1 版　2009 年 10 月北京第 1 次印刷

开本:700 毫米×1000 毫米 1/16　印张:13.25

字数:108 千字

ISBN 978 - 7 - 01 - 008382 - 7　定价:26.00 元

邮购地址 100706　北京朝阳门内大街 166 号

人民东方图书销售中心　电话 (010)65250042　65289539